Décodez Léonard de Vinci

Catalogage avant publication
de Bibliothèque et Archives Canada

Gelb, Michael

Décodez Léonard de Vinci : cultivez
votre spiritualité

Traduction de : Da Vinci Decoded.

1. Pensée créatrice. 2. Léonard, de Vinci, 1452-1519. I. Titre.

BF408.G4314 2004 153.3'5 C2004-941529-8

Gouvernement du Québec – Programme de crédit d'impôt pour l'édition de livres – Gestion SODEC – www.sodec.gouv.qc.ca

L'Éditeur bénéficie du soutien de la Société de développement des entreprises culturelles du Québec pour son programme d'édition.

Nous reconnaissons l'aide financière du gouvernement du Canada par l'entremise du Programme d'aide au développement de l'industrie de l'édition (PADIÉ) pour nos activités d'édition.

DISTRIBUTEURS EXCLUSIFS :

- Pour le Canada et les États-Unis :
  MESSAGERIES ADP*
  955, rue Amherst,
  Montréal, Québec H2L 3K4
  Tél. : (514) 523-1182
  Télécopieur : (514) 939-0406
  * Filiale de Sogides ltée

- Pour la France et les autres pays :
  INTERFORUM
  Immeuble Paryseine, 3, Allée de la Seine
  94854 Ivry Cedex
  Tél. : 01 49 59 11 89/91
  Télécopieur : 01 49 59 11 96
  Commandes : Tél. : 02 38 32 71 00
  Télécopieur : 02 38 32 71 28

- Pour la Suisse :
  INTERFORUM SUISSE
  Case postale 69 - 1701 Fribourg - Suisse
  Tél. : (41-26) 460-80-60
  Télécopieur : (41-26) 460-80-68
  Internet : www.havas.ch
  Email : office@havas.ch
  DISTRIBUTION : OLF SA
  Z.I. 3, Corminbœuf
  Case postale 1061
  CH-1701 FRIBOURG
  Commandes : Tél. : (41-26) 467-53-33
  Télécopieur : (41-26) 467-54-66

- Pour la Belgique et le Luxembourg :
  INTERFORUM BENELUX
  Boulevard de l'Europe 117
  B-1301 Wavre
  Tél. : (010) 42-03-20
  Télécopieur : (010) 41-20-24
  http://www.vups.be
  Email : info@vups.be

L'ouvrage original a été publié
par Delacorte Press (Bantam Dell),
succursale de Random House, Inc.,
sous le titre *Da Vinci Decoded*

Dépôt légal : 3e trimestre 2004
Bibliothèque nationale du Québec

ISBN 2-7619-2039-2

MICHAEL J. GELB

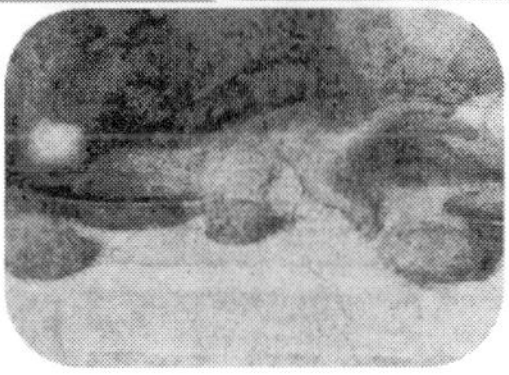

DÉCODEZ LÉONARD DE VINCI

Cultivez votre spiritualité

LES ÉDITIONS DE L'HOMME

Traduit de l'américain par Jean Bouchart d'Orval

À l'esprit intemporel et universel de Léonard de Vinci

Puisse Dieu, lumière de toutes choses, daigner m'éclairer, moi qui traite ici de la lumière.

Léonard de Vinci

INTRODUCTION

L'homme universel

> Il y a de la lumière dans un être lumineux et il illumine le monde entier.
>
> ÉVANGILE APOCRYPHE DE THOMAS

Peut-être avez-vous vu l'épisode de *Star Trek: Voyager* (1997), dans lequel Léonard de Vinci fit ses débuts de conseiller holographique du capitaine. Le sage conseil de Léonard permit au vaisseau et à l'équipage de remplir leur mission: aller au-delà des mondes connus. Dans les pages qui suivent, j'espère que vous découvrirez en Léonard votre conseiller spirituel personnel, un guide en mesure de vous aider à trouver votre idéal et à le réaliser.

J'espère aussi que vous serez inspiré par les nombreuses autres voix de ce livre; chacune est susceptible d'enrichir la compréhension de votre destin. En 2001, lors d'une conférence à Venise où j'avais été invité, le célèbre physicien Michio Kaku prononça un discours qui jeta une nouvelle lumière sur l'idée que je me faisais d'une vie pleine de sens. Le professeur Kaku — qui est l'un des conseillers scientifiques des auteurs de *Star Trek* — est le cofondateur de la théorie des cordes et l'auteur des succès de librairie internationaux *Hyperspace*, *Visions* et *Beyond Einstein*. Il est aussi titulaire de la chaire Henry Semat de physique théorique de l'Université de la ville de New York. À Venise, devant un auditoire de présidents-directeurs généraux, Kaku enchanta ces hommes pragmatiques et très directs avec ses théories sur la vie sur d'autres planètes. Selon lui, de brillants esprits scientifiques croient en l'existence de civilisations beaucoup plus évoluées que la nôtre dans l'immensité de l'univers. Quant à nous, nous sommes hélas au plus bas niveau de civilisation, puisque nous détruisons notre environnement et risquons de nous anéantir les uns les autres.

Le niveau que Kaku appelle «premier niveau» (pour notre part, nous en sommes encore au niveau zéro...) comprend des civilisations qui ont assuré leur survie en faisant progresser leur technologie et leur conscience au point de pouvoir nourrir, vêtir et éduquer chaque individu tout en protégeant leur atmosphère et leur écosystème.

Le « second niveau » comprend les civilisations capables de vivre en harmonie avec la pure conscience et de voyager dans le temps et l'espace, mues simplement par la volonté pure (comme Q dans *Star Trek)*. Affirmant que tout cela n'est pas de la science-fiction, mais bien plutôt la réalité selon plusieurs grands esprits scientifiques, Kaku laisse entendre qu'il ne nous reste plus qu'une centaine d'années pour évoluer et parvenir au premier niveau, sinon nous péririons et sombrerons dans l'oubli.

L'essence de ce discours a résonné profondément en moi. Qu'elle soit réaliste ou métaphorique, la vision de Kaku constitue une puissante réflexion sur notre destinée et sur la perspective globale de notre projet de vie : hisser tous les terriens au premier niveau ! Nous y arriverons seulement si chacun d'entre nous s'engage personnellement dans le processus de l'évolution de la conscience.

Dans son grand succès de librairie louangé par le *New York Times*, *The Seat of the Soul*, Gary Zukav propose un guide de la conscience supérieure qui nous conduira au prochain niveau, qu'il décrit comme une « terre d'inspiration » où l'intuition s'imposera davantage et nous mettra en contact avec ce qui se trouve au-delà de soi-même et du « royaume du temps, de l'espace et de la matière... comme une vision grandiose venue de plus loin que la personnalité ». Il estime que « chacun est désormais attiré, d'une manière ou d'une autre, par une vision grandiose ». Il y aurait là « plus qu'une vision », une véritable « force émergente » qui nous permettrait d'atteindre la « prochaine étape dans notre voyage à travers l'évolution ».

Selon Zukav, cette conscience évoluée est plus intuitive, plus subtile et plus sensible aux influences de l'âme, car elle est « multisensorielle » et surpasse notre expérience des cinq sens, qui est totalement orientée vers la réalité physique et la survie personnelle.

Ainsi, l'être humain réduit à ses cinq sens fonctionne selon les principes suivants :

- Chacun est seul dans un univers vaste, vide et purement physique.
- Nos desseins sont insignifiants et nos actes n'ont que des effets immédiats.
- Nous devons maîtriser l'environnement physique afin de survivre.

Quant à l'être humain «multisensoriel», il fonctionne plutôt selon les principes suivants :

- L'univers est une expression vivante de l'intelligence divine et nous faisons tous partie d'un tout beaucoup plus vaste que notre ego obnubilé par sa seule survie.
- Nos desseins influencent fortement la réalité de notre vie et celle des autres.
- Notre monde est conçu pour nous permettre de comprendre la véritable raison d'être de notre âme et de sentir sa résonance profonde.

Léonard de Vinci est une incarnation précoce mais particulièrement évoluée de la conscience multisensorielle décrite par Zukav. Avec sa curiosité sans bornes, sa soif d'expériences variées, sa faculté de déceler en lui et autour de lui l'intelligence de Dieu, Léonard de Vinci nous donne un stimulant aperçu de la «terre d'inspiration». De ce fait, cette grande âme peut nous faire accéder au niveau supérieur de notre évolution.

Zukav dit : «Avec chaque progrès individuel, l'âme collective de l'humanité — ce que nous appelons l'inconscient collectif — évolue.» Personne, dans l'histoire de l'humanité, n'a accompli de plus extraordinaires progrès que Léonard de Vinci, et c'est justice si son influence est plus forte que jamais, s'il s'impose au point d'être devenu, ces dernières années, omniprésent.

La grandeur de Léonard semble presque surnaturelle, mais cependant ses réalisations reflètent son ouverture très humaine à l'intuition et à l'inspiration, une qualité que nous pouvons apprendre à faire nôtre. En tant qu'avatar de la conscience multisensorielle, Léonard est un prophète du potentiel divin de tout être. Il peut nous ouvrir la voie du moi supérieur.

En fait, toutes les traditions spirituelles importantes encouragent l'étude de tels exemples. Les hindous cherchent à se faire les émules des grands enseignants épris de perfection, comme Ramana Maharshi ou Ramakrishna. Les chrétiens se demandent : «Que ferait Jésus ?» Les bouddhistes pensent : «Comment répondrait Bouddha ?» Récemment, nous avons vu paraître de nombreux ouvrages sur la pertinence de l'enseignement divin dans la vie terre-à-terre, par exemple un manuel sur les enseignements de Jésus à l'usage des P.-D.G. et un guide bouddhiste destiné aux célibataires. L'inspiration de ces grands esprits nous aide à intégrer la sagesse dans la vie quotidienne.

Malheureusement, on ne rencontre pas souvent dans la culture populaire et les médias des modèles de sagesse, de bonté, d'amour et de beauté. Imaginez-vous en train de regarder le journal télévisé. Les manchettes écrites apparaissent au bas de l'écran: «On a retrouvé le carnet de notes de Léonard de Vinci, mais voici d'abord les derniers scandales de vos vedettes préférées.» Nous perdons trop souvent de vue nos idéaux supérieurs.

Il y a une explication neurologique à ce problème: la formation réticulaire du cerveau (une structure du mésencéphale) nous conditionne à être particulièrement attentifs à tout ce qui semble nouveau, différent, sensationnel, mais à oublier ce qui est intemporel et moins singulier, comme la sagesse spirituelle universelle. Il reste que la vie spirituelle finit toujours par émerger, précisément parce qu'elle est intemporelle et universelle; la preuve en est que les diverses sociétés humaines sont toutes arrivées, à un certain point de leur développement, à des intuitions remarquablement similaires. Des chercheurs ont découvert qu'au moins huit des dix commandements sont communs à toutes les cultures du monde et constituent une déclaration commune des valeurs humaines. L'auteur Aldous Huxley appelle cela la «philosophie éternelle».

Au cours de ma recherche spirituelle, j'ai eu la chance de connaître de nombreux enseignants de diverses traditions. J'ai reçu la bénédiction associée au *darshan* de gourous issus de lignées pures et j'ai fait l'expérience de la lumière fulgurante du rasoir spirituel de Jiddu Krishnamurti. J'ai passé des mois à apprendre la méditation sous l'égide d'un moine bouddhiste cambodgien. Je suis allé en Turquie danser avec les derviches et j'ai été initié au soufisme par un scheik. J'ai eu la chance de passer dix mois auprès de J. G. Bennett, le remarquable génie spirituel qui m'a nourri des fruits spirituels de sa longue recherche. J'ai reçu la sainte communion dans une ancienne église anglaise habitée par l'Esprit. Tourné vers La Mecque, j'ai offert des supplications à Dieu et au prophète Mahomet avec mes frères musulmans. Et puis j'ai étudié la Torah à l'adolescence et j'ai fêté ma bar-mitsva.

La vague Léonard

Environ cinq cents ans avant que vous ouvriez ce livre, Léonard de Vinci terminait sa *Joconde*. Durant les siècles qui ont suivi — il est né le 15 avril 1452 et mort le 2 mai 1519 —, des vagues successives d'érudits se sont penchés sur son œuvre et le public s'est pris de fascination pour lui. Les hypothèses, les mystères et les controverses de sa vie ont fait gonfler les vagues et depuis une dizaine d'années ces vagues se sont transformées en un véritable tsunami. En voici quelques crêtes :

1994 : Bill Gates paie 30,8 millions de dollars pour dix-huit pages des carnets de notes de Léonard.

1995-1996 : Parution d'un livre de bandes dessinées en dix volumes, *Chiaroscuro : The Private Lives of Leonardo da Vinci,* publiés dans la collection Vertigo de DC Comics.

1996 : Publication d'un album de Shawn Colvin, *A Few Small Repairs,* qui contient la chanson *You and the Mona Lisa.*

1997 : Dans un épisode de la série *Star Trek, Voyager,* John Rhys-Davies, la vedette invitée, incarne un Léonard holographique qui aide le capitaine Janeway à surmonter plusieurs obstacles.

1998 : Dans *Ever After,* un film avec Drew Berrymore, c'est Léonard de Vinci, et non une fée marraine, qui vient en aide à l'héroïne.

1998 : Publication du best-seller *How to Think Like Leonardo da Vinci.* La traduction française paraîtra l'année suivante aux Éditions de l'Homme : *Pensez comme Léonard de Vinci.*

1999 : Restauration spectaculaire de *La Cène* après vingt-deux ans de travail méticuleux.

1999 : Dévoilement, à Milan, d'un bronze de 7,3 mètres de hauteur, *Le cheval de Léonard,* imaginé par Charles Dent et exécuté par Nina Akamu, exactement cinq cents ans après la destruction de l'original, en argile, par les envahisseurs français.
Inauguration d'une œuvre jumelle en hommage à l'esprit de Léonard dans le parc Frederik Keijer Gardens and Sculpture à Grand Rapids, au Michigan.

2001 : La reine Sonja de Norvège inaugure le magnifique pont Léonard, de l'artiste Vebjørn Sand, reliant la Norvège à la Suède. Sand propose de construire un pont Léonard sur chaque continent, comme symbole de notre amour de la beauté et des liens qui nous unissent.

2002 : La pièce italienne d'un euro montre *L'Homme vitruvien* de Léonard.

2002-2003 : Le Metropolitan Museum of Art de New York finance l'exposition immensément populaire des dessins de Léonard.

2003 : La pièce de Mary Zimmerman, *The Notebooks of Leonardo da Vinci,* fait salle comble au New York Second Stage Theater.

2003 : Léonard revient à Hollywood : Le livre *Pensez comme Léonard de Vinci* apparaît dans la scène inaugurale de Braquage à l'italienne *(Italian Job).*

2003 : Le roman de Dan Brown, *Da Vinci Code,* pulvérise tous les records de vente.

2004 : Publication aux Presses de l'Université d'Oxford du superbe livre du professeur Martin Kemp, *Leonardo : A Very Short Introduction.*

2005 : Ouverture prévue du Da Vinci Center of Science and Technology à Allentown, Pennsylvanie.

2006 : Exposition globale simultanée, *The Universal Leonardo,* célébrant le génie de Léonard, sous la direction du professeur Martin Kemp.

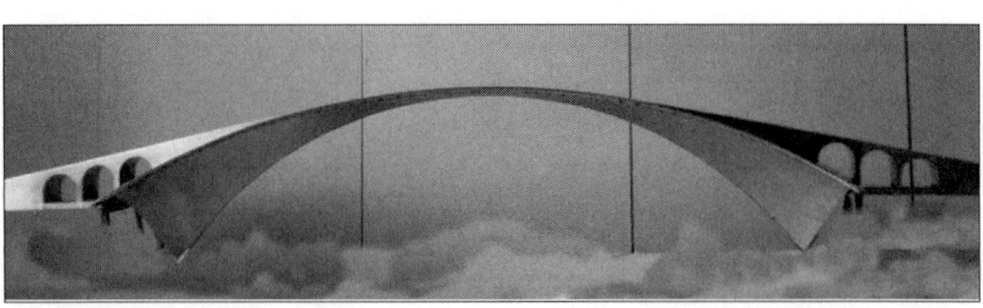

Le pont de Léonard est un symbole qui inspire l'amour universel et les rapprochements.

Pour ma part, aucun homme ne m'a davantage influencé que Léonard. Quand j'ai rédigé mon premier livre sur lui, *Pensez comme Léonard de Vinci*, j'ai découvert dans sa vie et son œuvre sept principes qui semblent expliquer sa créativité tout en nous interpellant. Ces sept principes éclairent aussi la spiritualité qui émane de ses inventions, tableaux, écrits et expériences scientifiques. Cette spiritualité quintessencielle fait de Léonard l'*uomo universale* (l'homme universel) idéal, celui qui personnifie les aspirations de tous. Les vingt-cinq dernières années de ma vie passées en Australie, au Japon, en Turquie, en Europe, en Scandinavie, en Amérique latine, en Afrique et aux États-Unis m'ont appris une chose essentielle : l'immensité de ce que nous partageons.

Mes rencontres avec des enseignants remarquables, issus de diverses traditions de sagesse, n'ont fait que renforcer ma perception de notre unité essentielle, telle qu'elle est formulée dans l'héritage spirituel commun. De nombreux chemins mènent au sommet de la montagne, mais il y a un seul sommet : l'amour.

Le défi est d'envisager la sagesse universelle sous un nouveau jour, de stimuler la formation réticulaire du cerveau, sensible à la nouveauté, à l'aide d'exemples assez surprenants et originaux pour nous rappeler ce que nous savons tous, mais que souvent nous oublions. Qui d'autre que Léonard de Vinci pourrait incarner le mieux la sagesse universelle dans toute sa vigueur ? Sa vie constitue un archétype coloré du potentiel humain, et ses œuvres révèlent quelque chose de nouveau chaque fois que nous les contemplons. Mais ce qu'il y a de mieux dans sa vie et ses œuvres, c'est leur intemporalité. L'importance spirituelle grandissante de Léonard évoque la force de toutes les confessions religieuses — christianisme, judaïsme, islamisme, hindouisme, bouddhisme, taoïsme. Comme tous ceux qui possèdent la sagesse véritable, Léonard porte en lui les valeurs et les idéaux universels, ce corpus de vérités qui nous unissent au lieu de nous diviser.

Les bienfaits d'un « cheminement en compagnie du sage »

Le Livre des proverbes du judaïsme enseigne ceci: «Celui qui marche avec le sage deviendra sage, mais le compagnon de l'idiot souffrira.»
La tradition hindoue nous rappelle dans le *Mahâbhârata*: «En compagnie du sage, même les idiots peuvent atteindre la sagesse.»
Le bouddhisme recommande dans le *Dhammapada*: «On devrait suivre le bon et le sage, tout comme la lune suit la route des étoiles.»

Le maître soufi Hazrat Inayat Khan illustre la quête de la sagesse universelle par cette supplique: «Permets-nous de Te reconnaître dans tous Tes saints noms et toutes Tes saintes formes: en tant que Rama, Krishna, Shiva et Bouddha. Permets-nous de Te connaître en tant qu'Abraham, Salomon, Zarathoustra, Jésus et Mahomet, ainsi que sous de nombreux autres noms et de nombreuses autres formes, connues ou inconnues du monde.»

Je me sens incroyablement privilégié et profondément béni d'avoir la chance de partager avec vous cette réflexion sur les principes de Léonard. Ce projet accroche un sourire à mon cœur. J'ai aussi découvert qu'écrire sur la spiritualité est une grande leçon d'humilité. Comme le fait remarquer le sikh Guru Arjan Dev: «Même si la terre devenait du papier, les forêts des plumes et le vent un écrivain, on n'arriverait pas à écrire l'histoire de l'Éternel.» Le poète mystique soufi Jalaluddin Rumi chante: «Quand j'essaie de Te décrire, ma plume se brise et le papier s'éloigne.»

Chacun d'entre nous doit trouver sa propre voie, ses propres rapports avec le divin, et découvrir le sens et le but de sa vie. Je souhaite que la contemplation de la dimension spirituelle cachée dans les principes de Léonard puisse servir à montrer la voie.

aperçu

montrer la voie

Ce portrait de Léonard est sans doute le plus ressemblant, du moins selon le professeur Martin Kemp. Il a pu être réalisé par Francesco Melzi, le plus proche disciple de Léonard.

> Réglez votre route sur une étoile.
>
> LÉONARD DE VINCI

Ce livre est une manière de guide qui peut vous servir d'inspiration pour mener à bien votre croissance personnelle et votre voyage spirituel. À partir de la sagesse d'un grand génie de l'histoire, je démontrerai comment les sept principes de Léonard reflètent les intuitions spirituelles universelles. Vous apprendrez à les intégrer à la vie quotidienne pour y ajouter de la signification, de la compassion, de la conscience et de la joie.

Dans la première partie, nous acquerrons une compréhension plus profonde de la vie, de l'œuvre et de l'héritage de Léonard. Nous aborderons des questions fascinantes sur sa spiritualité et sa foi, sur la source de son génie inégalé et sur sa sexualité mystérieuse. Je vous aiderai aussi à décoder certaines interrogations soulevées à son sujet dans le phénoménal succès de librairie *Da Vinci Code* et autres publications. (Il n'est pas nécessaire d'avoir lu le roman de Dan Brown pour apprécier ce décodage.) Le dernier chapitre de la première partie vous initiera à la «traduction spirituelle» des sept principes de Léonard et vous aidera à apprécier davantage la seconde partie.

Dans cette seconde partie, j'espère que le maestro vous aidera à:

- apprendre des méthodes pratiques pour vivifier votre recherche spirituelle;
- découvrir des voies simples et attrayantes qui vous ouvriront les portes de la perception;
- vous libérer des entraves inconscientes qui pourraient saboter la réalisation de vos idéaux;
- affiner votre lucidité et votre conscience;
- jouir de l'harmonie intérieure née de l'équilibre entre les côtés masculin et féminin de votre être;
- accueillir la bénédiction que constituent une énergie et un bien-être accrus qui touchent l'esprit, le corps et le mental;
- approfondir le don d'amour.

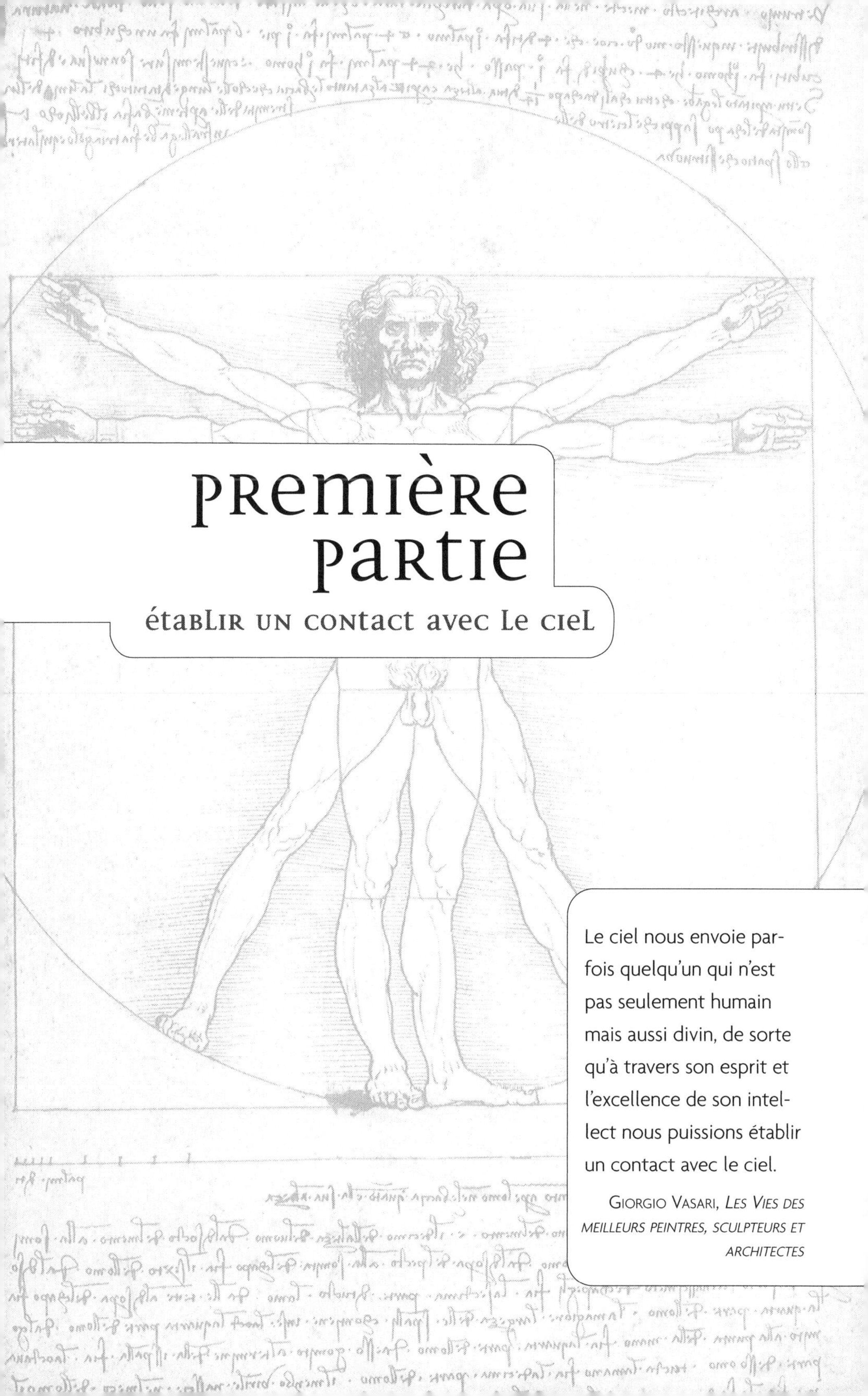

PREMIÈRE PARTIE

ÉTABLIR UN CONTACT AVEC LE CIEL

> Le ciel nous envoie parfois quelqu'un qui n'est pas seulement humain mais aussi divin, de sorte qu'à travers son esprit et l'excellence de son intellect nous puissions établir un contact avec le ciel.
>
> GIORGIO VASARI, *LES VIES DES MEILLEURS PEINTRES, SCULPTEURS ET ARCHITECTES*

Léonard et la renaissance du féminin sacré

> En fait, de Vinci était en résonance avec l'équilibre entre le masculin et le féminin. Il croyait que l'âme humaine ne pouvait être illuminée à moins d'intégrer les éléments masculins et féminins.
>
> DAN BROWN, *DA VINCI CODE*

Depuis la publication de *Pensez comme Léonard de Vinci*, j'ai voyagé à travers le monde afin de partager avec des auditoires variés l'inspiration créatrice du plus grand génie de l'histoire. Je me suis adressé à des enseignants de Spokane et de Saint-Louis ; à des postiers de Washington ; à des publicitaires en Slovénie ; à des pharmaciens et des médecins de Philadelphie, du Mexique et du Costa Rica ; à des professeurs et des étudiants en administration des affaires à Charlottesville ; à des directeurs des ressources humaines d'Istanbul ; à des chefs marketing de Londres, Paris et Portland ; à des infirmières de San Diego ; à des P.-D.G. de Little Rock, Las Vegas, Venise, Rome et Madrid ; à des enfants doués en Virginie ; aux auditeurs d'innombrables émissions de radio ; etc. Les questions les plus courantes sont : « Léonard croyait-il en Dieu ? » et « Comment expliquez-vous son génie ? » (Bon, d'accord, certains m'interrogent sur sa vie sexuelle...) Et de nombreux lecteurs m'écrivent pour me demander de parler davantage des applications spirituelles des principes de Léonard.

Puis, en 2003, a paru l'envoûtant roman policier de Dan Brown, *Da Vinci Code*, et il ne s'est pas passé une journée sans qu'on me demande ce que j'en pense : « Quelle part de vérité y a-t-il dans ce livre ? »

Je me suis toujours demandé ce que Léonard en penserait.

Nous savons que Léonard aimait les mystères, les devinettes et les farces. Il adorait les jeux de mots, les contes, le codage et le décodage. Par exemple il consignait beaucoup de ses observations dans une écriture inversée, comme dans un miroir. J'ai l'impression qu'il serait enchanté par le roman de Dan Brown. Quant à la part de vérité de ce roman, c'est une autre affaire : Dan Brown n'avait pas à s'en préoccuper, puisqu'il écrivait un roman.

Léonard était-il membre du Prieuré de Sion, ordre voué à la protection et à la perpétuation de la vérité du Saint-Graal ? En fut-il le grand maître ? Connaissait-il le lieu où reposait le Saint-Graal ? Le personnage assis à côté de Jésus dans le chef-d'œuvre de Léonard, *La Cène*, est-il une femme ? Si oui, est-ce Marie Madeleine ? Elle et Jésus étaient-ils amants ? Ont-ils engendré une postérité ? Léonard a-t-il conçu un cryptex (machine à coder) comme celui décrit dans *Da Vinci Code* ? Voilà des mystères palpitants.

Léonard affirmait que nous examinons tout selon au moins trois perspectives et j'ai exploré ces mystères en consultant trois spécialistes extraordinaires : le professeur Martin Kemp, Sir Brian Tovey et la professeur Jean Houston.

Martin Kemp est professeur d'histoire de l'art à l'université d'Oxford et l'auteur de nombreux ouvrages sur Léonard de Vinci. Il organisa, en compagnie de Marina Wallace, une exposition des dessins anatomiques de Léonard à la London's Hayward Gallery. Actuellement, il prépare une exposition itinérante, *L'universel Léonard*, dont l'inauguration aura lieu en 2006.

Sir Brian Tovey est spécialiste de l'art de la Renaissance et chercheur invité au British Institute of Florence. Il fut directeur du Service de renseignements britannique durant plusieurs années. Sir Tovey est une incarnation plus fine et plus intelligente de Leigh Teabing, le personnage de Dan Brown, et ses préceptes éthiques sont irréprochables.

Quant à la célèbre anthropologue Jean Houston, elle fut une étudiante de la légendaire Margaret Mead. Esprit universel, elle a fondé une « École de mystères » consacrée à l'exploration et à la compréhension des archétypes universels de sagesse exprimés par les diverses cultures et traditions.

Interrogé sur la possibilité que Léonard ait été membre d'une société secrète comme le Prieuré de Sion ou qu'il ait peint Marie Madeleine dans *La Cène*, le professeur Kemp répond : « Aucune des collections de documents de Léonard (le catalogue de l'exposition du Metropolitan Museum en donnait un excellent résumé) ne fait référence au Prieuré de Sion. Léonard n'avait pas de temps à consacrer à de tels charabias. Le personnage qui se tient à la droite du Christ est le jeune saint Jean qui, selon la tradition, s'éveille d'un somme. C'est un jeune homme typique de la manière de Léonard. Vous savez, *Da Vinci Code*, c'est de la fiction et non de l'histoire, mais ça ne me gêne pas.»

Sir Brian Tovey, quant à lui, a répondu ceci à la même question: «J'abonde dans le sens du professeur Kemp. Il n'existe aucun indice de l'implication de Léonard dans le Prieuré de Sion ou dans tout autre ordre. Je suis aussi d'accord avec son identification du personnage à la droite du Christ dans *La Cène* — en conformité avec l'Évangile de Jean. Le mythe d'une liaison entre le Christ et Marie Madeleine circule depuis des années et ne repose sur aucune justification historique. Je dois malheureusement aussi avouer qu'à ma connaissance Léonard ne s'est livré à aucune activité cryptographique, à part l'inversion de son écriture dans ses carnets et l'obscurcissement volontaire de certains détails de conception sur plusieurs dessins de ses remarquables inventions.»

Jean Houston est d'accord avec le professeur Kemp et Sir Tovey: Léonard n'a sans doute pas été membre du Prieuré de Sion. Quand à l'idée d'une descendance de Jésus et Marie Madeleine, elle trouve qu'il s'agit là d'une «spéculation persistante et délicieuse», ajoutant que Dan Brown l'a placée «à l'endroit approprié: dans un roman».

Cependant, Martin Kemp, Brian Tovey et Jean Houston affirment que Léonard de Vinci constitue une inspiration unique pour l'esprit humain et que nous pouvons apprendre beaucoup de lui pour éclairer notre conscience et notre créativité.

De nombreuses suppositions formulées dans *Da Vinci Code* ne sont pas étayées par des faits historiques, mais je tiens à souligner en quoi Dan Brown a vu si juste et pourquoi il a captivé l'imagination de millions de lecteurs. Bien sûr, il s'agit d'un roman palpitant, bien écrit et grouillant d'action qui évoque les scénarios de cinéma (je suis impatient de voir le film!), mais, sous cet aspect, ce livre n'est pas meilleur que les autres excellents romans de Brown. La puissance de *Da Vinci Code* tient plutôt au fait qu'il touche à quelque chose de profond en nous, à ce que Jung appelle «inconscient collectif». Ce livre rend visible notre implication dans une sorte de glissement tectonique de la conscience et fait de Léonard — avec justesse, selon moi — le héraut ou le prophète du rééquilibrage de la conscience par le principe féminin.

Ceci est le premier vrai paysage peint par un artiste italien. Léonard l'a signé et daté afin d'en marquer l'importance. En adoptant la Terre-Mère, la Nature elle-même comme sujet, Léonard exprimait sa résonance avec le principe féminin de la création.

Dans les sociétés premières, la conscience était principalement animiste et siégeait dans l'hémisphère droit du cerveau. Les aborigènes se sentaient unis à la terre. Chaque arbre, animal et nuage possédait son esprit sacré. La Terre-Mère régnait sur les hommes. Avec l'évolution des sociétés, ce sentiment d'unité fut graduellement remplacé par le besoin de maîtriser la nature. La pensée analytique réussit à prévaloir et les sociétés paternalistes reléguèrent la Terre-Mère à l'arrière-plan. Ce drame s'est joué au sein de plusieurs institutions, dont l'Église, comme David Brown l'illustre de manière si vivante.

Nous essayons maintenant de réaliser une synthèse : l'intégration de la technologie et de l'âme, de la croissance et du développement durable, du pouvoir et de l'altruisme. Notre épanouissement individuel, ainsi que la survie et l'évolution de notre espèce, exige que nous adoptions une nouvelle conscience qui intègre le meilleur des modes de perception masculin et féminin.

Dans *The Passion of the Western Mind,* le professeur Richard Tarnas décrit la chose ainsi : « La psyché humaine est au seuil d'une transformation marquante sans précédent [...], une réconciliation triomphante et salutaire des deux grandes polarités, une union des opposés : un mariage sacré entre le masculin, longtemps dominant mais désormais rejeté, et le féminin, longtemps réprimé mais désormais en progression. »

Da Vinci Code actualise ce phénomène et se nourrit du mystère, du conflit et du drame de cette « transformation marquante », reflétant ainsi notre désir de réconciliation et de collaboration. Dans le roman de Dan Brown, le principe féminin, qui vénère la Déesse et la Nature, est incarné par le Prieuré de Sion, à l'opposite du patriarcat qui recherche le pouvoir et qui est incarné par l'Opus Dei.

Si nous oublions les fantasmes sexuels de notre époque pour contempler la nature éternelle de la psyché, il est aisé de constater la complémentarité de ces deux aspects de la conscience. Le côté masculin, parfois associé à l'hémisphère gauche du cortex cérébral, est plus analytique, concentré et convergent ; c'est le mode qui permet d'influencer l'environnement, d'agir et de réaliser les projets. Le côté féminin, parfois associé à l'hémisphère droit, est plus réceptif, intuitif et divergent ; c'est le mode de la sensibilité à l'environnement, de l'être et de l'acceptation des choses telles qu'elles sont. À l'évidence, pour être complet l'humain doit intégrer les principes masculin et féminin. D'ailleurs la recherche soutient cet objectif d'intégration. Par exemple, des psychologues de l'université de Stanford ont découvert que les meilleures performances de l'intellect sont incompatibles avec les stéréotypes masculins et féminins. Selon le professeur Torrance, l'identification excessive à un sexe inhibe la créativité, puisque celle-ci exige un équilibre entre la sensibilité, trait typiquement féminin, et l'autonomie, trait typiquement masculin.

Le calice et l'épée

Dans son livre *Le Calice et l'Épée*, Riane Eisler étudie les sociétés et retrace l'évolution du féminin sacré vers des modes d'organisation plus patriarcaux. Elle explore les images de la divinité féminine dans les tableaux, sculptures, rites, traditions et mythes anciens. Elle explique: «Que les premières représentations sous forme humaine du pouvoir divin aient été féminines plutôt que masculines paraît logique. La vie n'émerge-t-elle pas du corps de la femme? Quelle autre attitude auraient pu avoir nos ancêtres lorsqu'ils se posèrent les questions éternelles — D'où venons-nous? Où allons-nous? Il semble naturel qu'ils aient donné à l'univers l'aspect d'une mère dispensatrice de toutes choses, du sein de laquelle toute vie jaillit et à laquelle, à l'image des cycles de la végétation, tout revient pour ensuite renaître...[1]».

Eisler définit la «transformation marquante» décrite par Tarnas comme un mouvement qui s'écarte du «modèle dominateur» pour s'approcher du «modèle de coopération». Celui-là est un système hiérarchique, patriarcal ou matriarcal, qui place un sexe au-dessus de l'autre; celui-ci encourage plutôt «les relations sociales fondées principalement sur les liens plutôt que sur le classement».

Comme toutes les grandes traditions de sagesse, le taoïsme chinois a reconnu il y a longtemps que l'équilibre entre le féminin *(yin)* et le masculin *(yang)* est une condition de l'illumination personnelle et de l'harmonie de la société. Comme l'a écrit Lao-tseu dans le *Tao-tö-king*:

> Toutes choses prennent appui sur le féminin
> Et font face au masculin.
> Lorsque masculin et féminin se combinent
> Toutes choses atteignent l'harmonie.

Lao-tseu souligne que cet équilibre exige une redécouverte et l'amour du féminin sacré:

1. *Le Calice et l'Épée*, par Riane Eisler, collection «Réponses», Paris, Robert Laffont, 1989, page 13.

Le mystérieux féminin ne meurt jamais
Bien qu'il devienne l'univers entier.
Sa pureté immaculée n'est jamais perdue.
Bien qu'elle assume d'innombrables formes
Son identité véritable demeure inchangée.
Le Tao est sans limite, non né et éternel.
On ne peut l'atteindre que par le féminin mystérieux.
Il est la face même de l'Absolu.

Dans ce dessin exquis, Léonard évoque l'aura du caractère féminin sacré de déesses qui dansent. Les formes en spirale et en hélice des femmes et de leurs vêtements, motifs typiques de Léonard, suggèrent l'unité ultime de la sensualité et du sublime.

La question de la sexualité de Léonard

La sexualité de Léonard de Vinci peut être l'indice de son extraordinaire capacité à exprimer le principe féminin dans ses œuvres. *Da Vinci Code,* malgré son caractère fictif, réussit, même dans ses contradictions, à transmettre le mystère de cet aspect de la vie de Léonard. On y parle de lui comme d'un «flamboyant homosexuel», mais pourtant on le dit grand maître du Prieuré de Sion. Or nous savons, par les souvenirs du personnage appelé Sophie, qu'une des responsabilités du grand maître était de s'adonner à des rites hétérosexuels devant les membres d'une secte de la haute société vêtus de noir et de blanc.

Quelle était donc la véritable orientation sexuelle de Léonard? Nous savons qu'il ne s'est jamais marié et nous ne lui connaissons aucun descendant. Était-il homosexuel, comme beaucoup l'ont supposé? À l'âge de vingt-quatre ans, il fut accusé de sodomie avec quelques-uns de ses amis, mais il s'agissait probablement d'une campagne de dénigrement puisque, faute de preuves, tous furent acquittés.

Il est vrai que, plus tard dans sa vie, Léonard fut souvent entouré de beaux jeunes hommes, mais leurs écrits laissent entendre qu'il n'était pour eux qu'un père. Comme l'affirma son plus proche disciple, Francesco Melzi (à qui Léonard légua ses propriétés): «Il m'était le meilleur des pères.»

Peut-être était-il bisexuel? Peut-être observait-il le célibat et, comme le supposa Freud, «transmutait-il sa passion en curiosité»? Eut-il une liaison avec la marquise de Mantoue, Isabelle d'Este? Quoi qu'il en soit, ses écrits nous apprennent qu'elle était amoureuse de lui.

Comme plusieurs de ses œuvres, Léonard possédait un mystérieux mélange de caractéristiques masculines et féminines. Plusieurs soutiennent que *Mona Lisa* est un autoportrait de Léonard[2].

Il n'est pas possible d'assujettir Léonard à nos catégories sexuelles où l'homosexualité s'oppose à l'hétérosexualité, le masculin au féminin.

2. Voir *Pensez comme Léonard de Vinci,* où Lillian Schwartz établit une remarquable comparaison graphique entre *La Joconde* et l'autoportrait à la craie rouge de Léonard de Vinci.

Il nous oblige plutôt à définir une nouvelle conception plus équilibrée des principes masculin et féminin. En fait, Léonard nous rappelle certains principes du yoga tantrique où le masculin et le féminin s'unissent pour former une entité divine qui transcende les sexes.

Quand nous aurons redéfini le rôle et l'identité des sexes, nous aurons découvert une plus grande harmonie entre les êtres et nous aurons toutes les chances d'atteindre le premier niveau de la civilisation. Nous commençons à comprendre que l'intégration des principes masculin et féminin est l'une des clés qui nous permettront d'accéder à la créativité et à l'épanouissement individuels. Il en va de notre survie sociale et culturelle. Léonard de Vinci, comme l'a compris Dan Brown, est l'exemple suprême de cette intégration.

Le dieu de Léonard

> Par notre cœur, nous pouvons être appelés enfants de Dieu.
>
> LÉONARD DE VINCI

Même pour une personne pieuse, il est difficile d'imaginer l'étendue et la profondeur de l'influence de l'Église catholique à l'époque où naquit Léonard de Vinci. Pendant plus de mille ans, l'Église avait dominé la psyché de l'Europe. La menace du feu éternel de l'enfer et la promesse de la rédemption dans les cieux furent des armes formidables pour assurer l'obéissance des masses aux doctrines de l'Église toute-puissante. Les images du ciel et de l'enfer étaient omniprésentes, de la chapelle baptismale au caveau funéraire. À tous les niveaux, les membres de la hiérarchie ecclésiastique représentaient une doctrine qu'on ne pouvait contester et ils pouvaient condamner les récalcitrants à une agonie sans fin. Comme le nota le grand historien Will Durant dans *L'Âge de la foi*, le secret de l'influence de l'Église sur les hommes résidait sans son habileté à inspirer la «terreur absolue».

À l'époque de Léonard, les notions classiques de la libre pensée et de l'expression artistique, ainsi que les valeurs humaines, gagnaient en popularité. Bien que la ville de Florence fût l'épicentre de cette renaissance des sociétés, le frère dominicain Girolamo Savonarola, dit en français Jérôme Savonarole (1452-1498), put tout de même expulser de la ville Lorenzo de Médicis (Laurent le Magnifique) et sa famille en 1494. Né la même année que Léonard, Savonarole croyait avoir été choisi par Dieu pour éliminer la décadente culture des idées classiques de Platon et d'Aristote qui avait fleuri sous la protection des Médicis. Selon lui: «La seule contribution valable que nous devons à Platon et Aristote est d'avoir fourni des arguments contre les hérétiques. Pourtant, ils sont maintenant en enfer en compagnie d'autres philosophes.»

Dans l'application de ses idéaux fanatiques de pureté, Savonarole envoya des escouades d'enfants à travers la cité pour dépouiller les femmes de leurs vêtements et bijoux et leur enlever leur maquillage; pour confisquer les livres, sculptures et tableaux «païens». En 1497, il organisa un autodafé des symboles de la décadence florentine, dont des tableaux de Botticelli, Fra Bartolomeo et de Lorenzo di Credi, vieil ami de Léonard et camarade d'apprentissage dans l'atelier de Verrocchio. Ces brillants artistes furent si intimidés par Savonarole et ses sbires qu'ils jetèrent leurs propres œuvres dans le feu. Ces autodafés sont connus sous le nom de « bûchers de vanité ».

Mais Savonarole commit l'erreur de prêcher la décadence de Rome, ce qui déplut au pape Alexandre VI (dont les intrigues politiques et la conduite indécente firent souvent scandales) qui finit par menacer d'excommunier tous les citoyens de Florence qui continueraient d'appuyer Savonarole. Si les Florentins craignaient la damnation de Savonarole, ils redoutaient davantage celle du Saint-Siège, aussi condamnèrent-ils à mort Savonarole, qui fut pendu, puis brûlé.

Malgré la disparition de Savonarole et le retour au pouvoir des Médicis, la répression fondée sur la peur continua de terroriser de nombreux esprits, dont l'un des plus grands artistes de son époque et peut-être le seul qui pouvait égaler Léonard de Vinci : Michel-Ange.

De vingt-deux ans le cadet de Léonard, le génial Michel-Ange fut éduqué dans la maison des Médicis à partir de l'âge de treize ans, mais fut fortement influencé par les harangues violentes de Savonarole. Désireux d'honorer les enseignements de l'Église (comme le prouve sa représentation de Dieu qui donne la vie à Adam, sur la voûte de la chapelle Sixtine), Michel-Ange fut par ailleurs torturé de culpabilité par son homosexualité (comme le suggère son autoportrait en cadavre écorché dans son terrible *Jugement dernier*, sur le mur du fond de la même chapelle). Cette fresque, peinte presque treize ans après la scène de la Création, témoigne des effets persistants de la peur sur son esprit.

Malgré ses tourments, Michel-Ange resta dans les bonnes grâces des papes, mais il n'en fut pas toujours de même pour Léonard. Sa curiosité, son indépendance d'esprit et son mépris de la peur l'ont souvent opposé aux doctrines de l'Église. Il réussit néanmoins à éviter le sort d'autres libres penseurs qui vinrent après lui, par exemple le philosophe Giordano Bruno, brûlé vif, et Galilée, assigné à résidence surveillée et menacé de torture et d'excommunication. Léonard eut de la chance, car de son vivant le tribunal du Saint-Office n'avait pas encore atteint toute sa puissance. Mais ces circonstances seules ne peuvent tout expliquer. Léonard de Vinci évita d'attaquer directement ses ennemis potentiels et fut protégé par des puissants : Lorenzo et Giuliano de Médicis, le duc de Milan, le roi de France, etc.

Mais Léonard était-il vraiment un hérétique ? Croyait-il en Dieu ? Quelle était la nature de sa spiritualité ?

Dans la première édition des *Vies des meilleurs peintres, sculpteurs et architectes*, Giorgio Vasari affirmait : « Léonard était d'un genre si hérétique qu'il ne s'est conformé à aucune religion et on peut le considérer davantage comme un philosophe que comme un chrétien. » Par contre, dans une édition subséquente Vasari écrivit qu'avant sa mort Léonard demanda qu'on lui administrât les derniers sacrements selon les rites catholiques.

Nous ne pouvons être sûrs que la dernière version de Vasari, dans laquelle Léonard embrasse la foi, ne fût pas écrite pour rendre hommage aux autorités ecclésiastiques. Nous ne pouvons non plus être absolument certains de l'authenticité de ces récits de la vie de Léonard, puisque le premier fut publié en 1550, trente et un ans après sa mort, et le second vingt ans plus tard. Nous savons cependant que Léonard fut inhumé, à sa requête, dans le cloître de l'église de Saint-Florentin, près d'Amboise.

Nous savons aussi que durant toute sa vie Léonard a mis en question les dogmes et exprimé des doutes quant aux interprétations littérales de la Bible. Par exemple, dans les dix-huit pages du carnet acheté par Bill Gates au coût de 30,8 millions de dollars, Léonard se méfie de l'explication biblique du Déluge : « Ici, un doute me vient et le voici : le Déluge qui survint du temps de Noé était-il universel ou non ? Il semble que non, pour les raisons qui seront maintenant données... »

OÙ LES RAISONS NATURELLES FONT DÉFAUT

« On prétend dans la Bible que ce Déluge dura quarante jours et quarante nuits d'une pluie incessante et universelle et que les eaux montèrent à dix coudées[3] au-dessus des plus hautes montagnes du monde. Si la pluie avait été universelle, elle aurait recouvert la terre entière. Or la terre est une sphère, c'est-à-dire une surface fermée. Donc les eaux, épousant cette sphère, n'auraient pu se déplacer, car l'eau en elle-même ne bouge pas à moins de tomber. Comment alors les eaux du Déluge auraient-elles pu se retirer s'il est démontré qu'elles ne pouvaient bouger ? Et si elles s'étaient retirées, comment auraient-elles pu le faire, sinon vers le haut ? Les raisons naturelles font ici défaut et pour enlever ce doute il faut appeler cela un miracle, afin de nous venir en aide, ou encore dire que toute cette eau s'est évaporée sous l'action du soleil. »

Ainsi, Léonard doute de l'histoire du Déluge en des termes qui préfigurent la science moderne et il s'amuse à critiquer des rites insensés, comme le suggère cette plaisanterie tirée de ses carnets :

> Un samedi saint, un prêtre qui faisait sa tournée aspergeait d'eau bénite l'intérieur des maisons. Il pénétra dans la chambre de l'artiste et arrosa certains de ses tableaux. Quelque peu contrarié, le peintre se retourna pour en demander raison au prêtre. Ce dernier répondit que c'était là la coutume et que son devoir lui commandait de la perpétuer pour faire le bien ; et que quiconque accomplissait une bonne action pouvait s'attendre à être l'objet d'une aussi bonne action ou d'une meilleure, car le Seigneur avait promis que toute bonne action accomplie sur terre serait récompensée au centuple dans les cieux. Le peintre attendit que le prêtre sorte de chez lui, puis il se pencha à la fenêtre et versa un seau d'eau sur la tête du religieux en disant : « Voici venue d'en haut votre récompense au centuple, telle que vous l'avez annoncée, pour vous remercier de la bonne action que vous m'avez prodiguée avec votre eau bénite qui a abîmé mes tableaux. »

3. Dans la Bible (Genèse, 7,20), il est question de « quinze coudées ». *(N.D.T.)*

Même si Léonard voyait dans certains rites des sujets d'hilarité, sa détestation de la corruption religieuse n'avait rien de léger. Ainsi, il abhorrait le commerce des indulgences de l'Église, par lequel les gens pouvaient obtenir à prix d'argent la rémission de leurs péchés. Léonard écrivit: «Une multitude vend, publiquement et sans être inquiétée, des choses de la plus haute valeur sans permission du Maître de ces choses qui ne leur ont jamais appartenu et n'ont jamais été sous leur domination; et la justice humaine ne l'empêche pas.» Léonard comparait à des «pharisiens» les «saints frères» qui s'adonnaient à ces pratiques. En outre, il déplorait le marché des supposées reliques: «Je vois le Christ à nouveau vendu et crucifié, et ses saints, martyrisés.»

Pour Léonard, on ne devait pas rechercher la spiritualité dans les rituels formels, les reliques, les dogmes, ni dans le sens littéral des textes de la Bible. Il comprenait d'instinct la sagesse de Lao-tseu:

> Le rituel est l'enveloppe de la foi.
> Les maîtres s'occupent donc
> De la profondeur et non de la surface.

Si Léonard a rejeté les enveloppes, il n'a pas jeté le bébé divin avec l'eau du Déluge: sa spiritualité s'exprimait dans la perception, la conscience et l'expérimentation, qualités qu'il cultivait pour enrichir son art. C'est quand il peignait qu'il allait sous la surface, dans les profondeurs, en éprouvant pleinement les résonances du créateur suprême, le *primo motore*. Dans son *Traité de la peinture*, il tient les arts visuels pour les plus sublimes de tous, car ils sont «reliés à Dieu»:

> «N'observe-t-on pas qu'on dissimule constamment les tableaux représentant la déité sous de coûteuses draperies et qu'avant de les découvrir on pratique de grands rites ecclésiastiques, avec des chants, au son des instruments? Au moment du dévoilement, les gens se jettent au sol, en adoration et en prière envers Celui qui est représenté, comme si la déité n'était présente en personne. Il semble donc que la déité aime telle peinture et ceux qui l'adorent et la vénèrent, qu'elle préfère être adorée de cette manière plutôt que sous une autre forme de représentation.»

Le professeur Martin Kemp décrit ainsi la spiritualité de Léonard de Vinci : « Il acceptait l'existence d'une puissance suprême et ineffable par-delà la conception de la nature et il était convaincu que le savoir objectif ne pouvait la révéler. Pour lui, le rôle de l'entendement était d'examiner la gloire de la nature, qui parlait plus éloquemment de Dieu que n'importe quel livre de théologie. »

Pour Léonard, le monde vibrait de la divine présence. Comprenant que nous sommes créés « à l'image de Dieu », il s'évertua à peindre cette ressemblance. Dans ses carnets, Léonard se réfère à « l'esprit de Dieu, qui embrasse l'univers entier ». Il passa sa vie à rechercher une union toujours plus profonde avec cet esprit et à l'adorer à travers ses peintures.

Comme saint François d'Assise, Léonard éprouvait un amour infini pour les animaux et la nature. Comme le sage hindou Ramana Maharshi, il montrait de la vénération pour toute vie et il était végétarien. (Andrea Corsali, voyageur et aventurier florentin, écrivit à Giuliano de Médicis, en 1515, que, « comme notre Léonard de Vinci », les hindous révèrent tous les êtres doués de sensation, y compris les insectes.)

À l'exemple du Bouddha, Léonard conseillait la modération et le détachement du monde matérialiste : « Il est pauvre l'homme qui désire beaucoup de choses. » Puis : « Ne vous promettez pas des choses matérielles et ne les recherchez pas si vous savez que vous souffririez d'en être privé. »

La cène

L'étonnant génie artistique et la profonde vision spirituelle de Léonard sont évidents dans l'une de ses œuvres les plus puissantes et controversées, *La Cène*, commencée en 1495 et achevée en 1498.

Peinte sur un mur du réfectoire du couvent de Santa Maria delle Grazie, à Milan — la Cène était un sujet traditionnel dans les réfectoires des monastères — *La Cène* de Léonard représente l'instant dramatique de l'annonce de la trahison de Judas. Malgré la puissance spirituelle de ce chef-d'œuvre, *Da Vinci Code* ne s'intéresse pas à l'identité du personnage qui se trouve à la droite du Christ ni au sens mystique des lettres *M* et *V* formées par l'espace entre le Christ et les disciples de chaque côté de lui. (Supposons seulement que le *M* signifie «mystère» et le *V*, «Vinci».) Il ne s'intéresse pas non plus à l'absence de calice (ce détail n'était pas exceptionnel dans l'iconographie traditionnelle des Cènes toscanes du XVe siècle) ni à la présence d'une main désincarnée brandissant un poignard. (Les dessins préliminaires de Léonard montrent que la main et le poignard appartiennent à saint Pierre — et cette idée renvoie au passage de l'Évangile dans lequel Pierre tire son épée afin de défendre son Sauveur.)

La Cène tire son effet du contraste entre la tranquillité sublime et transcendante du Christ et l'expressivité des gestes des personnages qui l'entourent, exemple de l'humanité du quotidien qu'il a su rendre brillamment dans sa peinture. Dans un de ses carnets, Léonard écrivit au sujet des apôtres de *La Cène* :

> «L'un d'eux, qui buvait, a laissé là son verre et a tourné la tête en direction de Jésus. Un autre a les doigts fermement noués et se tourne vers son compagnon en fronçant les sourcils. Un autre, les paumes ouvertes, hausse les épaules et reste la bouche béante d'étonnement. Un autre murmure quelque chose à son voisin qui se penche pour l'entendre, tenant un couteau d'une main et un pain entamé de l'autre. Un autre, d'un geste, renverse un verre. Un autre, le regard fixe, a posé les mains sur la table. Un autre s'étouffe avec sa nourriture ; un autre s'avance pour mieux voir le Christ.»

L'iconographie du tableau nous montre que Léonard joue avec l'une de ses images favorites : les cercles concentriques qui ondulent sur l'eau quand on y jette un caillou. Il note :

> « Tout comme la pierre lancée dans l'eau devient le centre et engendre des cercles variés et tout comme le son se disperse en cercles aux alentours, tout corps se trouvant dans l'air lumineux se propage en cercles et remplit l'espace d'un nombre infini d'images de lui-même, apparaissant finalement dans chaque partie. »

Ainsi, tout ce qui se trouve sur la table où sont installés le Christ et ses disciples est disposé en cercle — les pains, les verres, les assiettes —, et tous ces cercles se répondent en écho et se répètent en s'éloignant du Christ central. La disposition des personnages évoque une vague engendrée par Jésus, « le centre et la cause » d'où émane toute infinité. Léonard nous offre ainsi l'instant immuable où le Christ lança sa prophétie comme une pierre divine dans l'étang du temps, annonçant la résurrection dont le retentissement se propagerait à travers l'éternité pour accorder à l'humanité la grâce éternelle.

La source du génie

On considère généralement Léonard de Vinci comme le plus grand génie toutes catégories de l'histoire. Il opérait sur tous les plans au plus haut niveau et il a toujours cherché à saisir la réalité profonde de tous ses sujets. En plus de son génie pour l'art, la science et l'invention, Léonard était aussi renommé pour ses talents musicaux, son charme, sa force, sa beauté et sa grâce. Vasari nous dit qu'il «rendait toutes les âmes tristes sereines» et qu'il «chantait divinement sans aucune préparation». Vasari louange également sa «grande force personnelle» et sa «grâce plus qu'infinie dans chaque geste». Kenneth Keele, anatomiste et organisateur d'une des expositions les plus complètes sur les travaux anatomiques de Léonard, le tient pour «une mutation génétique unique». Et, pour Goethe, Léonard est le «modèle de la perfection humaine».

> Celui qui a accès à la fontaine ne va pas à la cruche.
>
> Léonard de Vinci

Les miracles de Léonard

- Dans son codex sur le vol des oiseaux, il analysa avec une rigoureuse approche mécanique des choses telles que le fonctionnement de l'aile, la résistance de l'air, les vents et les courants. Il consigna de menus détails qui préfigurent l'effet cinématographique du ralenti.
- Plusieurs de ses dessins anatomiques sont incroyablement justes et rivalisent avec nos radiographies. Pionnier de l'anatomie comparative, il fut le premier à représenter correctement l'embryon dans la matrice, à faire des moulages du cerveau et des ventricules du cœur. Il avait aussi noté que l'artériosclérose cause prématurément la mort et qu'on peut la prévenir en s'adonnant à l'exercice et en améliorant son régime alimentaire.
- Il conçut et fabriqua peut-être un télescope. (Ses notes disent: «[...] fabriquer des verres pour voir la lune agrandie.»)

- Ses vues aériennes d'Imola et d'autres villes sont des œuvres d'une envergure et d'une précision incroyables.
- Son art a changé notre façon de voir le monde. Sa *Joconde* est l'œuvre d'art la plus célèbre et la plus imitée; et sa *Cène*, une des plus saisissantes peintures murales.
- Quarante ans avant Copernic, il nota (en lettres majuscules, pour bien souligner la chose): «Il sole no si muove» (Le soleil ne bouge pas).
- Il fut le premier à décrire le phénomène de l'érosion du sol et l'arrangement des feuilles sur les plantes.
- Il fut le premier à déclarer, en des termes encore en usage aujourd'hui dans les classes de physique, que l'angle d'incidence est toujours égal à l'angle de réflexion.
- Il conçut un photomètre pour mesurer l'intensité de la lumière, trois cents ans avant Benjamin Rumford.
- Il conçut un parachute, une échelle extensible, un roulement à billes, une cloche de plongeur, un tube d'air pour la plongée, un changement de vitesse, un pressoir à olives, des ciseaux, une clé à molette, un métier à tisser automatique, un levier hydraulique, une écluse, et nombre d'inventions exceptionnelles.

Le jeune Léonard nota dans son carnet: «Je souhaiterais pouvoir accomplir des miracles.» Il semble y être parvenu plusieurs fois.

Comment expliquer l'étendue et la profondeur des talents de Léonard, ses incomparables dons dans des domaines si variés? Quelle est la source de son génie sans précédent — et jamais égalé?

Plusieurs ont tenté, avec un succès relatif, de comprendre Léonard. Le livre de Sigmund Freud, *Un Souvenir d'enfance de Léonard de Vinci*, est une analyse fascinante, mais finalement insatisfaisante de l'esprit et de l'œuvre du maestro, car il s'appuie sur des données erronées ou sur des études qui se sont révélées fausses. Dans ses efforts pour expliquer «les inhibitions de Léonard dans sa vie sexuelle et dans ses activités artistiques», le fondateur de la psychanalyse attribue la tendance du maestro à laisser des œuvres inachevées à ses sentiments ambivalents au sujet de son illégitimité et de la séparation de ses parents.

Freud a fondé la plus grande partie de son livre sur son interprétation d'un rêve que Léonard a relaté et dans lequel un oiseau — un vautour, selon la traduction allemande de Freud — plongea du ciel pour le frapper à plusieurs reprises à l'intérieur des lèvres avec sa queue. Pour arriver à ses conclusions, Freud fit grand cas de ce que symbolise le vautour dans la mythologie égyptienne. Hélas, la traduction des carnets est incorrecte. Dans la narration de son rêve, Léonard a utilisé le mot *nibbio*, qui désigne le milan (une autre espèce d'oiseau de proie) et non le vautour.

De plus, l'approche réductionniste de Freud ne pouvait rendre justice à Léonard. Et puis on soupçonnait Freud d'être un peu envieux des immenses talents de Léonard.

Les détails de l'enfance de Léonard sont vagues, mais nous savons que sa mère, Caterina, était une paysanne du village d'Anchiano. Son père, Ser Piero, qui n'était pas marié à Caterina, appartenait à la classe moyenne supérieure. Comptable et notaire à Vinci, Ser Piero a engendré douze enfants, mais les frères et sœurs de Léonard n'avaient aucun don particulier. Léonard a reçu une instruction normale en mathématiques, en lecture et en écriture. Il n'est jamais allé à l'université. S'il s'enorgueillissait d'être un *uomo senza lettere* (homme sans formation générale) et un *disciepolo della sperienza* (disciple de l'expérience), Léonard apprit tout de même le latin par lui-même, plus tard dans sa vie, afin de lire les classiques.

Malgré ce fonds d'éducation peu impressionnant, Léonard bénéficiait de capacités extraordinaires, parfois même effrayantes au dire de Giorgio Vasari[4] :

> « On raconte que Ser Piero da Vinci fut prié par un paysan de faire peindre une rondache qu'il avait faite du bois d'un figuier coupé sur sa terre ; Ser Piero y consentit volontiers, car il profitait beaucoup des talents du paysan pour la chasse et la pêche. Il fit donc porter cette rondache à Florence et chargea Léonard d'y peindre quelque chose. »

Léonard redressa le bouclier sur le feu, adoucit la surface et y appliqua un enduit.

---

4. *Vie des peintres,* Giorgio Vasari, Les Belles Lettres, Paris, 1999, pages 104-105.

> «Il se mit à réfléchir au sujet qu'il pourrait y représenter et qui serait de nature à épouvanter les ennemis du possesseur de cette arme, comme la Méduse des Anciens. Dans une chambre où lui seul entrait, il rassembla des lézards, grillons, serpents, papillons, sauterelles, chauves-souris. À partir de ces animaux étranges, il conçut un monstre effroyable dont le souffle remplissait l'air de flammes; sortant d'un rocher sombre et brisé, il répandait un noir venin de sa gueule ouverte; ses yeux lançaient du feu, ses narines de la fumée.»

Une fois le travail terminé, Léonard montra la rondache à son père:

> «Il plaça la rondache sur le chevalet et arrangea la fenêtre pour que la lumière tombât sur la peinture en rayons éblouissants; enfin il fit entrer son père. Ser Piero, au premier coup d'œil, éprouva comme une commotion, ne pensant pas que ce n'était là qu'une peinture sur une rondache. Il recula d'un pas, mais Léonard le retint et lui dit: "Mon père, cet ouvrage produit l'effet que j'en attendais; prenez-le donc et emportez-le."»

Vasari raconte qu'en plus de posséder le talent de réaliser une peinture véritablement effrayante, le jeune Léonard troublait ses professeurs par l'intelligence de ses questions sur les mathématiques et autres sujets.

attributions douteuses

Les réalisations réelles de Léonard sont sans pareilles mais, à cause de ses capacités surhumaines et de ce que le professeur Kemp appelle le «pouvoir éloquent du manque de preuve», on le crédite parfois, douteusement, de certaines œuvres, par exemple:

- Le suaire de Turin (une idée intéressante, mais infondée).
- Le violon de Stradivarius (Léonard a conçu et construit de nombreux instruments merveilleux, mais celui-ci n'en faisait probablement pas partie).
- La bicyclette (le dessin dans son carnet est un faux).
- L'hélicoptère (la vis hélicoïdale de Léonard évoque le principe qui permet à un hélicoptère de voler mais, contrairement au parachute ou au planeur, elle ne préfigure absolument pas l'invention réelle).

Le Dr Deepak Chopra qualifie Léonard d'«expression accélérée de l'évolution naturelle de la conscience». Pour Jean Houston: «C'est l'esprit d'un créateur dans sa forme la plus achevée. Voilà un homme qui est cocréateur avec Dieu.» Elle ajoute: «Les gens doués de cette universalité sont issus de dimensions parallèles et peuvent créer de concert avec la Vaste Intelligence.»

Jung aussi se réfère à la Vaste Intelligence quand il parle du *mundus imaginalis* (état de conscience où tout est possible). Le physicien David Bohm l'appelait l'«ordre impliqué» et Deepak Chopra, la «pure potentialité». C'est la capacité de Léonard à puiser dans la Vaste Intelligence qui a rendu possible l'extraordinaire corpus de ses œuvres: elle lui donnait accès à un domaine de vérités artistiques que peu d'hommes ont connu.

«Tout ce qu'il touchait se transformait en beauté éternelle», dit de Léonard le légendaire critique d'art Bernard Berenson. Ce fait suscite une vérité ésotérique fondamentale: les dons et les œuvres de Léonard étaient les fruits d'une alliance exceptionnellement pure avec le Divin.

Les dons de Léonard provenaient de cette Source. Le but de ce livre est de vous amener à user de cette inspiration et de cet exemple pour être plus réceptif à la Source.

La source divine de la créativité

«Chaque maison est construite par quelqu'un,
mais celui qui a construit toutes choses, c'est Dieu.»
Hébreux 3,4 (christianisme)

«L'univers émane du Seigneur.
Il est établi en Lui.
Le Seigneur est la cause de la création.»
Vishnu Purana (hindouisme)

«Toute chose provient du ciel.»
Li Chi (confucianisme)

«Il a fait la terre par sa puissance, établi le monde par sa sagesse,
et par son intelligence étendu les cieux.»
Jérémie 10,12 (judaïsme)

«Louange à Allah qui a créé les cieux et la terre,
et établi les ténèbres et la lumière.»
Coran, sourate 6, verset 1 (islam)

comment trouver le graal

Les hommes vont voir les montagnes et les vallées, mais ils ne s'arrêtent pas à eux-mêmes.

SAINT AUGUSTIN

Les protagonistes de *Da Vinci Code*, le « symbologue » de Harvard, Robert Langdon, et la cryptographe française, Sophie Neveu, se trouvent pris dans un tourbillon d'intrigues et de dangers dans leur tentative de retracer le Saint-Graal pour empêcher des méchants de s'en emparer. Échappant au meilleur détective de la police parisienne et à un fanatique meurtrier albinos envoyé par l'Opus Dei, ils suivent des indices écrits avec du sang et de l'encre sympathique fournie par le grand-père assassiné de Sophie, conservateur du Louvre et grand maître de l'ordre du Prieuré de Sion. Après avoir résolu une anagramme qui les mène à de nouveaux indices cachés derrière le tableau de *La Joconde*, ils finissent par atteindre le coffre-fort d'une banque privée où ils trouvent une machine à coder — conçue par nul autre que Léonard de Vinci — qui renferme le secret du Graal. Comme l'écrivit Joseph Campbell dans *Puissance du mythe*[5] : « Le Graal c'est [...] ce que les gens qui ont vécu leur propre vie accomplissent, c'est le stade où ils s'élèvent. Le Graal symbolise l'accomplissement des plus grandes potentialités spirituelles de la conscience humaine. »

5. *Puissance du mythe*, Joseph Campbell, J'ai lu, Paris, 1991, page 323.

C'EST EN VOUS

«Ce que cherche l'homme non accompli est à l'extérieur,
ce que cherche l'homme accompli est à l'intérieur.»
Lunyu (confucianisme)

«Le royaume de Dieu ne vient pas de manière à frapper les regards.
On ne dira point: Il est ici! ou: Il est là!
Car voici, le royaume de Dieu est au milieu de vous.»
Luc 17,20-21 (christianisme)

«Dieu créa l'homme à son image, à l'image de Dieu il le créa,
homme et femme il les créa.»
Genèse 1,27 (judaïsme)

«Il trône dans le cœur de tous.»
Bhagavad-gita (hindouisme)

«L'homme a été façonné à l'image de la véritable nature de Dieu.»
Hadith du prophète Mahomet (islam)

«Sa lumière se trouve dans tous les cœurs.»
Guru Nanak (sikhisme)

Nous ne savons pas si dans la réalité Léonard a pu mettre au point un cryptex, une machine à coder. Quoi qu'il en soit, il faut regarder en soi-même pour découvrir les secrets du Graal. C'est le sens de la fable enchanteresse de Paolo Coelho, *L'Alchimiste*, dans laquelle un jeune berger traverse l'Égypte à la recherche d'un trésor, pour découvrir qu'il était enfoui dans son propre jardin. La fable de Coelho rappelle l'histoire bouddhiste classique du jeune prince qui se met en quête d'un bijou précieux et découvre à la fin que ce joyau est cousu dans la doublure de son manteau.

Autrement dit, le Graal est en soi, et cette sagesse universelle est propre à toutes les traditions.

Dans les pages qui suivent, nous apprendrons à nous inspirer de Léonard pour «établir un contact avec le ciel» et nourrir notre croissance spirituelle. Nous chercherons à puiser à la Source qui prodigua à Léonard ses dons remarquables et nous serons guidés dans notre quête du Graal par les sept principes du maestro.

Les sept principes que j'ai décrits dans *Pensez comme Léonard de Vinci* résultent d'une étude intensive de la vie et de l'œuvre de Léonard. Pour ce faire, j'ai consulté et lu les ouvrages de nombreux universitaires et j'ai tenté de marcher dans ses pas pour voir le monde avec ses yeux. Je me suis rendu à Anchiano, où il naquit, et à Amboise, où il mourut, puis j'ai contemplé ses œuvres originales dans des musées, partout dans le monde. Et je me suis mis à rêver à lui ! De mes rêves, de mes réflexions et de mes recherches, les sept principes sont apparus avec beaucoup de clarté.

Tout d'abord, il faut dire que le chiffre sept est puissant et singulier. En plus de désigner le nombre moyen d'éléments retenus par la mémoire à court terme (selon une fameuse étude menée à Harvard), sept, c'est aussi le nombre des :

— jours de la semaine ;
— notes de la gamme ;
— jours dont Dieu eut besoin pour créer le monde (y compris le jour de repos) ;
— colonnes de la Sagesse dans le livre des Proverbes ;
— branches de l'Arbre de Vie selon la Kabbale ;
— années durant lesquelles le Bouddha a cherché l'éveil ;
— révolutions que fit le Bouddha autour du figuier bodhi ;
— étapes dans l'évolution spirituelle selon le soufisme ;
— *chakras,* ou roues d'énergie, dans la tradition hindoue ;
— sacrements du catholicisme ;
— trompettes qui résonneront le jour du Jugement dernier ;
— étoiles tenues par le Christ dans sa main, dans l'Apocalypse.

Dans mon effort pour comprendre la démarche de Léonard, j'ai tenté d'identifier un huitième principe, puis j'ai essayé d'en réduire le nombre à six, mais ce fut impossible : il y a bel et bien sept principes, irréductibles et absolus. Je les décris plus bas et j'explique comment Léonard les a incarnés dans sa vie, puis j'en donne la « traduction » en termes spirituels.

1. Rechercher la vérité (*curiosità*). Une curiosité insatiable et une volonté incessante d'apprendre. *Curiosità* est la source de l'apprentissage et de la créativité. C'est aussi l'expression de votre intense désir de vous lier au Divin.

2. Prendre ses responsabilités (*dimostrazione*). S'engager à vérifier la connaissance par l'expérience, à apprendre de ses erreurs. En rejetant les dogmes et la superstition, Léonard a assumé la responsabilité de sa propre recherche. Ainsi, le voyage spirituel exige que nous endossions nos pensées et nos actes.

3. Une sensibilité vive (*sensazione*). Le désir d'affiner nos sens continûment, surtout la vue, afin de magnifier nos expériences. Léonard a pénétré dans les profondeurs de la création en aiguisant sa sensibilité.

4. Faire face à l'ombre (*sfumato*). Accueillir l'ambiguïté, le paradoxe et l'incertitude. Sa recherche de la lumière a conduit Léonard par-delà l'ambiguïté, le paradoxe et l'incertitude ; sa quête l'a forcé à faire face aux ténèbres pour les comprendre. C'est souvent le chaînon manquant dans la voie spirituelle.

5. Cultiver l'équilibre (*arte/scienza*). L'usage des deux hémisphères cérébraux mène à la pensée globale. L'œuvre et la personne même de Léonard révèlent plus qu'un simple équilibre entre la logique et l'imagination, ou entre la science et l'art : elles illustrent le caractère essentiel de l'équilibre entre les principes masculin et féminin dans toute création.

6. Cultiver l'intégration (*corporalità*). L'intégration de l'esprit et du corps par l'apprentissage de la grâce, de l'habileté (faire la même chose de la main droite ou de la main gauche, avec autant de facilité), de la bonne condition physique et de l'aisance. Les dons physiques exceptionnels de Léonard et ses remarquables intuitions en matière d'anatomie, de médecine et de philosophie démontrent qu'il avait bien intégré le corps, l'énergie et l'esprit.

7. La pratique de l'amour (*connessione*). La reconnaissance et l'appréciation de l'interconnexion de toutes les choses et de tous les phénomènes. Léonard savait que «tout est relié à tout». Il avait compris que toute la création est solidaire et que l'univers est une expression de l'amour divin.

Dans la seconde partie, nous examinerons comment les sept principes peuvent s'appliquer au développement spirituel. Chaque principe sera représenté par une image créée par Léonard et se déploiera selon les lignes de force des grandes traditions de sagesse du monde. Nous examinerons comment chaque principe s'est révélé dans l'œuvre de Léonard et comment il se rattache à la compréhension spirituelle universelle et intemporelle. Suivront des exercices pour mieux vous disposer à la grâce. Chaque chapitre se terminera par une autre image de Léonard, pour vous inspirer dans votre pratique.

Quelques suggestions pour tirer profit de la seconde partie

Vous pouvez aborder les chapitres suivants dans l'ordre de votre choix, mais je vous recommande de les lire tous avant de passer aux exercices spirituels. Après avoir lu les sept chapitres, retournez à celui qui vous inspire le plus et lisez-le à nouveau. Passez alors à l'autoévaluation et faites les exercices qui vous semblent les plus invitants. Les évaluations ne sont pas des examens, mais plutôt des énoncés à méditer. Vous en tirerez le maximum d'avantages si vous prenez le temps d'y réfléchir longuement. Les exercices ne constituent pas un programme complet pour votre épanouissement, mais sont conçus pour vous donner un avant-goût des implications spirituelles des principes de Léonard et vous préparer à une introspection ultérieure. De plus, chaque chapitre contient des ressources pratiques (dont on trouve la liste à la fin du livre) susceptibles de vous mener à des expériences approfondies.

Deuxième partie

Les secrets spirituels des sept principes de Léonard

> La chenille qui tisse avec soin et s'entoure d'une nouvelle demeure bien conçue et bien construite en émerge ensuite avec de magnifiques ailes peintes qui la mènent vers le ciel.
>
> Léonard de Vinci

Rechercher la vérité

(curiosità)

> C'est de là aussi que tu chercheras l'Éternel, ton Dieu, et que tu le trouveras, si tu le cherches de tout ton cœur et de toute ton âme.
>
> DEUTÉRONOME, 4,29

Léonard a tenté, avec une passion incessante, de comprendre l'origine de la vie et les secrets de la création. Son dessin de l'embryon humain est la première représentation exacte du sujet et un exemple de son incomparable *curiosità*, sa recherche de la vérité tout au long de sa vie. Aujourd'hui, nous connaissons parfaitement l'anatomie de l'enfant dans l'utérus, mais nous pouvons imaginer l'euphorie de Léonard quand il contempla pour la première fois ce miracle.

Pour Léonard, le Divin était évident dans la nature et l'on devait l'adorer en l'étudiant de près et en appréciant respectueusement la perfection de la nature. Les notes de Léonard qui accompagnent ce dessin étonnant disent: «Bien que l'ingéniosité humaine puisse produire des inventions variées qui arrivent au même but avec des machines différentes, elle ne concevra jamais une invention plus belle, plus simple et plus parfaite que le fait la nature, où il ne manque rien et rien n'est superflu.»

Fait intéressant, Léonard donne ensuite des détails sur le développement de l'embryon, se référant au *primo motore* et en utilisant le féminin: «Elle n'a besoin d'aucun contrepoids quand elle crée des membres capables de mouvement, mais elle met en eux l'âme du corps qui les forme, c'est-à-dire l'âme de la mère qui, la première, façonne en son sein la forme de l'homme et, au moment propice, réveille l'âme qui doit l'habiter. Cela dort d'abord, sous la tutelle de l'âme de la mère qui fournit nourriture et vie par l'artère ombilicale avec tous ses membres spirituels.»

Le dessin de l'embryon de Léonard nous rappelle que nous provenons tous de la même Source. Il nous incite à revivifier notre *curiosità*. Nous sommes tous dotés d'une curiosité dynamique innée: le désir d'explorer le monde, de savoir et de comprendre, de rechercher la

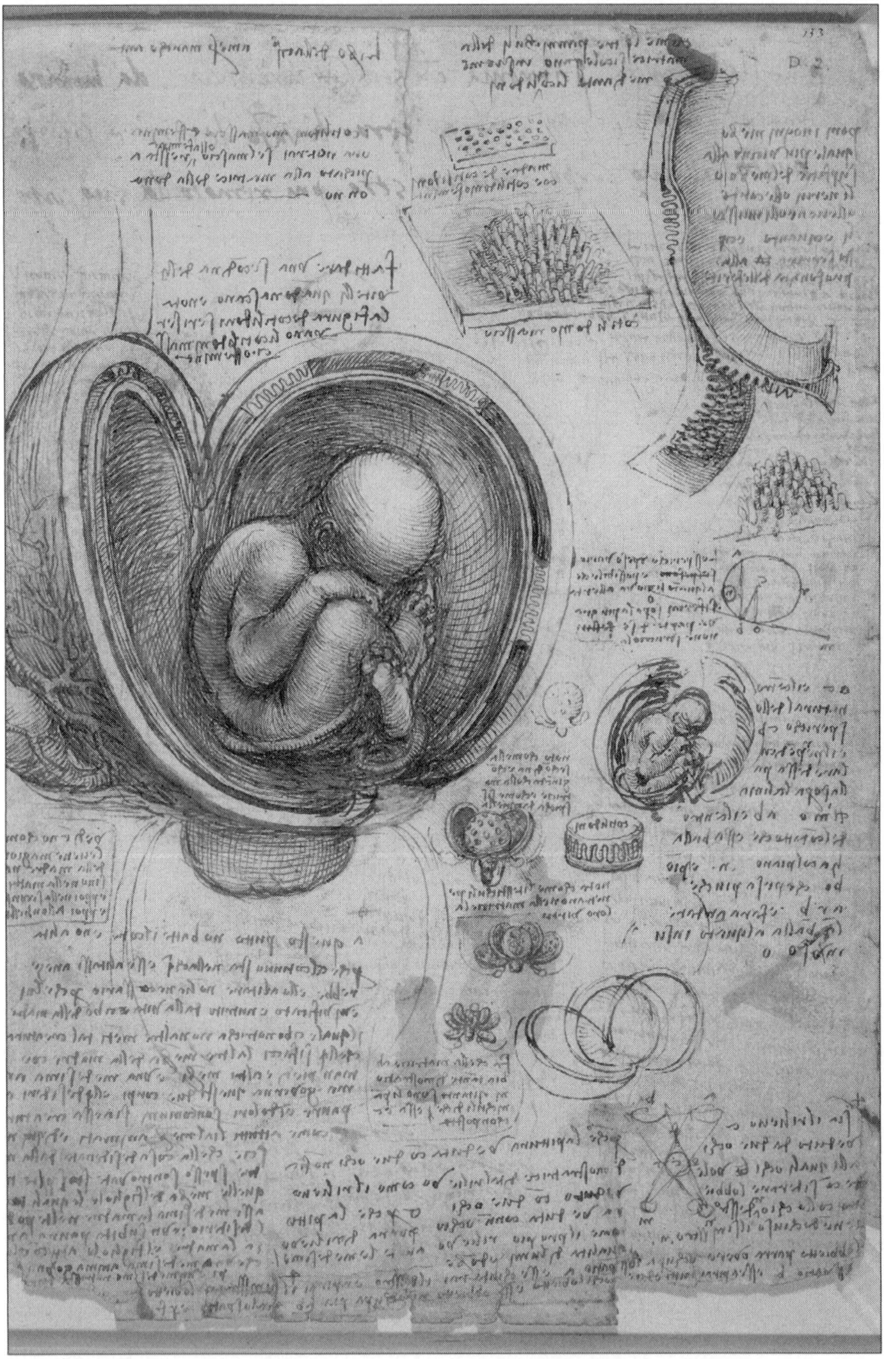

Comme l'écrivit Martin Kemp : « Aucun dessin d'embryon n'a mieux illustré l'esprit de la procréation. »

vérité. Glenn Doman, de l'Institute for the Achievement of Human Potential, affirme : « Tout enfant naît avec le génie potentiel de Léonard de Vinci, mais nous nous affairons ensuite à réduire ce génie. » Il ajoute : « L'apprentissage est le plus grand jeu de la vie et le plus amusant. Tous les enfants naissent en croyant cela et ils continuent de le croire jusqu'à ce que nous les convainquions que l'apprentissage est un travail très dur et déplaisant. Certains n'apprennent jamais vraiment cette leçon et traversent la vie en estimant que l'apprentissage est agréable et constitue le seul jeu qui en vaille la peine. Nous avons un nom pour désigner de telles personnes : ce sont des génies. »

Doman est reconnu pour son travail novateur auprès des enfants qui souffrent de lésions cérébrales. Dans son classique, *J'apprends à lire à mon bébé*, Doman raconte l'histoire de Tommy, un enfant qui, disait-on, ne pourrait jamais lire, mais les parents appliquèrent la méthode de Doman durant quelques années et leur fils apprit à fonctionner et à lire normalement, même mieux que les enfants de son âge. Si un enfant souffrant de lésions cérébrales peut apprendre à lire mieux que ses camarades de classe, de quels prodiges sont capables les enfants normaux ? Les travaux de Doman apportent de l'espoir aux enfants malades et devraient nous inspirer confiance.

Durant vingt-cinq ans j'ai parcouru le monde en tentant de convaincre les gens de leur immense potentiel. Beaucoup sont sceptiques, hélas, mais interrogez les parents sur les premiers instants où ils ont vu les yeux de leur enfant naissant : presque tous reconnaîtront y avoir aperçu l'étincelle du génie ; plusieurs y ont même vu quelque chose de divin.

Vous êtes né avec cette étincelle divine, mais vous avez subi les effets débilitants de l'école et de la société. Heureusement, on peut apprendre à vaincre ces forces négatives. Le poète soufi Jalaluddin Rumi expliqua comment libérer le don divin du génie :

> Car le don de Dieu appartient à une autre sorte d'intelligence :
> sa source repose profondément dans l'âme.
> Lorsque l'eau de la connaissance divine jaillit du sein,
> jamais elle ne stagne ni ne devient impure.
> Si son chemin vers l'extérieur est bloqué, quel mal y a-t-il ?

Car elle s'écoule continuellement depuis la demeure du cœur.
L'intelligence acquise est comme les conduits
qui courent dans la maison depuis les rues;
si ces tuyaux se bloquent, la maison est privée d'eau.
Recherche la fontaine en toi-même.

L'exhortation de Rumi à chercher la fontaine en soi-même nous invite à vivifier notre *curiosità*, à ranimer ces qualités enfantines que sont l'ouverture, l'innocence et la curiosité, qui séjournent dans «la demeure du cœur».

La Bible aussi nous incite à «devenir comme de petits enfants» pour entrer dans le royaume des cieux. Le bouddhisme zen nous enseigne à délaisser nos préjugés pour accueillir «l'esprit du débutant». La curiosité enfantine, le sentiment du merveilleux et la passion d'apprendre sont à la source de la croissance spirituelle. Comme l'a noté Sigmund Freud: «Le grand Léonard a continué de jouer comme un enfant durant sa vie adulte, ce qui a rendu ses contemporains perplexes.»

Repensez à votre enfance et essayez de vous souvenir à quel âge vous vous demandiez:

- D'où viens-je?
- Pourquoi sommes-nous ici?
- Qu'arrive-t-il à notre mort?
- Y a-t-il un Dieu?
- Ma vie a-t-elle un sens et un but?
- L'âme existe-t-elle?
- Qui suis-je?

Plusieurs cessent de se poser ces questions ou se tournent vers les autres pour obtenir des réponses, distraits qu'ils sont par les exigences de l'existence. Mais, inévitablement, des drames nous frappent — la mort d'un être cher, une maladie grave, la perte d'un emploi, la fin d'un mariage —, et les grandes questions refont surface. Le mieux est de ne pas attendre qu'une tragédie vous remette sur la voie des questionnements, mais de redécouvrir dès maintenant votre *curiosità*.

Devenir un chercheur, se lancer à la recherche de la vérité, vouloir connaître le monde, voilà le *primo motore* du voyage spirituel. Et le plus beau est que l'importance primordiale de la recherche de la vérité est commune à toutes les traditions sacrées du monde.

CEUX QUI CHERCHENT LA SAGESSE FINISSENT PAR LA TROUVER

- L'Évangile de Matthieu (6,33; 7,8) nous dit: «Recherchez d'abord le royaume des cieux et sa justice, et toutes ces choses vous seront données par surcroît.» Et: «Cherchez et vous trouverez. Frappez et l'on vous ouvrira.»
- Le texte bouddhiste *Dhammapada* proclame: «Celui qui s'applique à la doctrine de la vérité illumine le monde comme la lune libérée des nuages.»
- Les hadiths musulmans nous conseillent de «rechercher la connaissance du berceau à la tombe». Ils nous réconfortent avec cette invitation divine: «Celui qui s'approchera de Moi d'une largeur de main, je m'approcherai de lui d'une coudée. Celui qui s'approchera de Moi d'une coudée, je m'approcherai de lui d'une brasse. Quiconque s'approchera de Moi en marchant, je m'approcherai de lui en courant.»
- Dans la tradition hébraïque, Salomon enseigne: «La sagesse est brillante et ne se ternit pas. Ceux qui l'aiment la contemplent sans peine, elle se laisse découvrir par ceux qui la cherchent. Elle prévient ceux qui la désirent en se faisant connaître la première. [...] S'y adonner est d'ailleurs d'une parfaite intelligence [...]. Car son commencement le plus sûr c'est le désir de s'en instruire.»

La recherche de la vérité de Léonard l'a mené dans les profondeurs du ciel et des océans. Il a parcouru les campagnes en méditant sur ce qu'il ne comprenait pas: Comment se sont formées les montagnes et les vallées? Comment un oiseau se supporte-t-il dans les airs? Qu'est-ce que la foudre et pourquoi provoque-t-elle le tonnerre?

> «Je révèle aux hommes l'origine de la cause de leur existence.»
>
> LÉONARD DE VINCI

> «Un bon peintre a deux principaux objectifs: l'homme et la direction de son âme. Le premier est plus facile; le second, difficile.»
>
> LÉONARD DE VINCI

Durant sa vie, Léonard a fouillé les secrets de la nature avec une *curiosità* incessante, mais il n'a jamais oublié la question fondamentale: Quelle est la nature de l'âme? Cette quête le poussa à fouiller les mystères de la naissance et les secrets de la matrice, à étudier l'anatomie des mourants, puis il insuffla à ses peintures une profondeur d'âme inédite.

Le plus beau est que vous pouvez rechercher la vérité de votre âme et faire l'expérience du Divin avec la même *curiosità* dont fit preuve Léonard de Vinci.

RECHERCHER LA VÉRITÉ : ÉVALUATION PERSONNELLE

- Je tiens un journal ou un carnet de notes pour consigner mes observations, intuitions et questions sur ma croissance spirituelle.
- J'écoute les questions des petits enfants et je cherche à faire preuve de la même ouverture, la même innocence et la même curiosité dans ma quête spirituelle.
- Chaque jour je prends le temps de contempler mon âme et de méditer sur mes véritables désirs.
- Je cultive des moyens pratiques pour être plus attentif aux aspirations de mon âme.
- Je cherche à me libérer des pensées et des actes conventionnels qui obscurcissent ma lucidité.
- Je recherche une conscience plus profonde de la dimension spirituelle de ma vie.
- J'examine objectivement tous les aspects de ma personne, y compris ceux que je n'aime pas.

RECHERCHER LA VÉRITÉ : EXERCICES SPIRITUELS

TENIR UN CARNET DE NOTES SPIRITUELLES

> « Les hommes bons par nature cherchent la connaissance. »
>
> LÉONARD DE VINCI

Presque tous les génies de toutes les époques ont tenu des carnets, mais les six mille pages de notes de Léonard sont incomparables — et le professeur Martin Kemp et d'autres universitaires estiment que quatre-vingts pour cent des notes de Léonard ont été perdues !

Les carnets de Léonard expriment la liberté et l'intensité de sa *curiosità* à travers de multiples sujets — l'essence de la lumière, l'écoulement de l'eau, l'expression visuelle de l'âme, la nature de la naissance et de la mort, etc. Il croyait aux bienfaits spirituels associés à la tenue de tels carnets : « Les plumes élèveront les hommes vers le ciel, comme pour les oiseaux, en traçant des lettres. »

Lorsque, à l'âge de dix-neuf ans, j'ai compris que je consacrerais ma vie à la croissance personnelle et à la recherche spirituelle, j'ai commencé à tenir un carnet. Sur la première page, j'ai écrit une phrase de Hermann Hesse tirée de *Demian* : « Tout ce que j'ai toujours voulu c'était de vivre en accord avec mon soi véritable ; pourquoi était-ce si difficile ? » Pendant des années, cela m'a semblé en effet très difficile, mais peu à peu cette vie en accord avec moi-même m'est devenue plus légère. Les exercices spirituels de ce chapitre vous rendront la vie plus facile, à vous aussi.

Votre exploration des principes de Léonard sera facilitée si vous notez dans un carnet vos impressions relatives à votre voyage spirituel. Comme l'écrivit Hermann Hesse dans *Demian* : « J'ai été et je suis encore un chercheur, mais j'ai cessé de questionner les étoiles et les livres ; j'ai commencé à écouter les enseignements de mon sang qui me murmure des choses. »

Commençons par la question fondamentale : Qui êtes-vous ?

Il faut d'abord comprendre l'infinité des manifestations du soi.

Votre corps change sans cesse et continuera de changer. De jour en jour, vous vivez des sentiments, des émotions et des états intérieurs qui diffèrent tellement les uns des autres que vous semblez être des personnes différentes selon les circonstances. Un changement de travail ou de carrière, un mariage ou un divorce, une perte ou une prise de poids, un déménagement dans une autre ville : tous ces changements extérieurs peuvent vous changer intérieurement, et vice versa. Mais, y a-t-il quelque chose en vous qui demeure toujours inchangé ? Si oui, qu'est-ce ? Comment le décririez-vous ? Comment savez-vous ce que vous êtes ?

- Vous identifiez-vous à vos pensées, à vos émotions, à votre corps ?
- Vous identifiez-vous à autre chose que vos pensées, vos émotions ou votre corps ?

Nous pouvons aussi aborder cette question fondamentale en utilisant l'analogie de la musique. Si vous comparez votre esprit à un orchestre, vous pouvez envisager ses diverses parties comme les ensembles d'instruments : les cordes, les cuivres, le chœur, la percussion, etc.

- Lui est le chef ?
- À quel refrain le chœur revient-il sans cesse ?
- Qui est le compositeur ?

Méditer ces questions requiert du temps. Les chercheurs doivent apprendre à écouter et à regarder en eux-mêmes, à s'observer.

La multitude en nous

Notre plus grande illusion est de croire que nous sommes une conscience unique intégrée, que lorsque nous disons « je » nous parlons toujours de la même personnalité. Comme le souligne le Dr Robert Ornstein du University of California Medical Center, auteur du livre *The Evolution of Consciousness* : « La vision naturelle de notre état mental est profondément déformée [...], l'unité que nous ressentons est une illusion [...], nous ne sommes pas la même personne de jour en jour, d'instant en instant. Notre esprit renferme un système spécial, invisible, qui préserve tranquillement l'illusion de l'unité. »

LA PRATIQUE DE L'OBSERVATION DE SOI-MÊME

Léonard fut le premier peintre italien à faire d'un paysage l'unique objet d'une œuvre d'art. Il observait le monde naturel avec une curiosité remarquablement pénétrante et objective. La croissance spirituelle exige de nous la même attitude à l'égard de notre paysage intérieur. Mais nous sommes tous susceptibles de nous méprendre sur nous-mêmes à cause de nos préjugés égoïstes.

Par exemple, vous est-il déjà arrivé de vous observer sur une vidéo d'entraînement ? La plupart des gens s'étonnent de découvrir que ce qu'ils font réellement à l'écran n'a aucun rapport avec ce qu'ils avaient cru faire. Ce genre de divergence existe aussi dans notre vie intérieure.

Vous pouvez réduire cet écart en vous observant vous-même. L'observation de soi est un puissant outil pour aiguiser la *curiosità*. Choisissez un thème pour la journée ou la semaine et notez dans votre carnet vos observations. Vous pouvez transcrire vos pensées au fur et à mesure qu'elles vous viennent, ou bien les noter le soir, avant de vous endormir. Soyez précis et concis ; évitez les spéculations, les opinions et les théories. Contentez-vous de noter vos observations avec ce que Léonard appelait une *ostinate rigore* (rigueur obstinée). Vous tirerez parti de cette pratique si vous vous observez comme s'il s'agissait de quelqu'un d'autre.

Quand j'ai entrepris ce travail, il y a trente-deux ans, le thème que m'avait suggéré mon maître était : la conscience exempte de jugement. On nous demandait d'observer comment le jugement altère la perception des expériences. Je fus étonné et humilié de découvrir que presque tout ce que je percevais était automatiquement rangé en deux catégories simplistes : j'aime/je n'aime pas ; bon/mauvais.

Vous pouvez commencer avec ce thème si vous voulez.

- Jugez-vous les choses d'après ce que vous aimez et ce que vous n'aimez pas, et, si oui, comment cela affecte-t-il votre expérience ?
- Comment votre vie changerait-elle si vous cessiez cette catégorisation ?

L'observation de soi est une discipline primordiale de la *curiosità*. Apprendre à vous regarder objectivement libère une énergie énorme pour le déploiement et la transformation intérieurs.

Faites cet exercice seul, ou avec un ami et comparez vos notes.

LES QUATRE QUESTIONS DE BYRON KATIE

Byron Katie est une enseignante éveillée qui œuvre au cœur de la *curiosità* spirituelle. L'approche de Katie, qui peut transformer une vie, repose sur quatre questions simples qui mènent à la liberté intérieure des chercheurs authentiques de toutes les traditions. Ces quatre questions, comme le dit Katie, « brûlent tout ce qui n'est pas vrai pour vous » :

Est-ce bien vrai ?
Pouvez-vous savoir absolument que c'est vrai ?
Comment vous sentez-vous quand vous avez cette pensée ?
Que seriez-vous sans cette pensée ?

La cinquième étape est un « retournement » de la proposition examinée.

Nous utiliserons les quatre questions pour examiner un sujet de votre vie et vous donner une idée de la méthode. Commençons par une chose que chacun connaît : la colère, la douleur ou le sentiment de rejet que nous ressentons quand nous ne nous sentons pas apprécié par un proche.

Songez à un souvenir et exprimez-le sous forme de proposition : « Parce que __________ ne m'apprécie pas, j'éprouve du ressentiment à son égard. »

Après avoir écrit cette proposition (il est bon aussi de la dire à haute voix), vous pouvez commencer à tout brûler en posant la première des quatre questions.

1. Est-ce bien vrai que __________ ne m'apprécie pas ?

Posez-vous cette question dans un pur esprit de *curiosità* et écoutez la réponse surgir en vous. Comme le dit Byron Katie : « Si vous voulez vraiment connaître la vérité, la réponse sera à la hauteur de la question. »

La deuxième question fouille le problème plus profondément :

2. Puis-je savoir absolument s'il est vrai que __________ ne m'apprécie pas ?

Vous est-il possible de savoir si quelqu'un vous apprécie ou non ? Vous arrive-t-il d'avoir de l'admiration et du respect envers quelqu'un, pour découvrir plus tard que cette personne n'avait aucune idée de ce que vous ressentiez pour elle ?

La troisième question vous aide à découvrir l'effet de la proposition sur vous.

3. Comment vous sentez-vous quand vous pensez que __________ ne vous apprécie pas ?

Katie suggère d'établir ici la liste de vos réactions. Pour ce faire, plongez au plus profond de vous-même, ne craignez pas vos pensées les plus intimes.

La quatrième question touche au cœur de votre être.

4. Que seriez-vous sans la pensée que ______________ ne vous apprécie pas ?

Fermez les yeux et imaginez-vous cette personne qui ne vous apprécie pas. Puis faites comme si la pensée de ne pas être apprécié n'existait pas. Allez plus loin et imaginez que l'idée selon laquelle vous *devriez* être apprécié n'existe pas. Prenez tout votre temps pour bien sentir l'effacement de votre proposition. Qu'arrive-t-il à vos sentiments et à votre expérience intérieure de légèreté et d'immensité ?

À la cinquième étape, on vous demande de « retourner » la proposition. Autrement dit, à partir de : « Parce que ________ ne m'apprécie pas, j'éprouve du ressentiment à son égard », écrivez : « Je n'apprécie pas _________, ce qui lui fait éprouver du ressentiment à mon égard. »

Cela pourrait-il être vrai ? Est-ce que votre propre manque d'appréciation ou votre défaut d'expression ont pu influencer l'attitude de cette personne à votre égard ? Autrement dit, se pourrait-il que vous soyez tous les deux prisonniers d'un cercle vicieux ? Essayez de vous rappeler d'autres circonstances dans lesquelles votre manque d'appréciation pour cette personne aurait pu créer un malentendu.

Une autre formulation intéressante serait de dire : « J'éprouve du ressentiment envers moi-même parce que je ne m'apprécie pas. » Est-il possible que cela soit vrai, ou à tout le moins plus vrai que votre proposition originale ?

Réfléchissez à plusieurs retournements et poursuivez votre recherche dans le même esprit. Comme le dit Katie : « Les retournements constituent votre prescription pour recouvrer la santé, la paix et le bonheur. Pouvez-vous prendre le médicament que vous avez prescrit aux autres ? »

Byron Katie et son collaborateur, Stephen Mitchell, le réputé traducteur du *Bhagavad-gita* et du *Tao-tö-king*, ont réalisé un merveilleux guide pour éclairer le processus de la *curiosità* spirituelle, *Aimer ce qui est : Vers la fin de la souffrance*.

Commencez par passer du temps avec des enfants et tâchez d'apprendre d'eux. Le jour où j'ai commencé à écrire ce livre, j'étais chez des amis qui ont une fillette de cinq ans, Julia. À la fin du repas, Julia embrassa tous les invités avant d'aller au lit. Je lui ai demandé : « À quelle heure te lèves-tu le matin ? » « Je me lève tard », répondit-elle. Sa mère expliqua que « tard » signifiait six heures ! J'ai alors dit : « Bien, je te reverrai demain matin, alors. » Et Julia répondit : « Oui, je serai dans mon lit en train d'écouter mon cœur. » Cette conversation avec Julia m'a rappelé qu'il faut prendre tous les jours du temps pour soi-même, pour écouter battre son cœur.

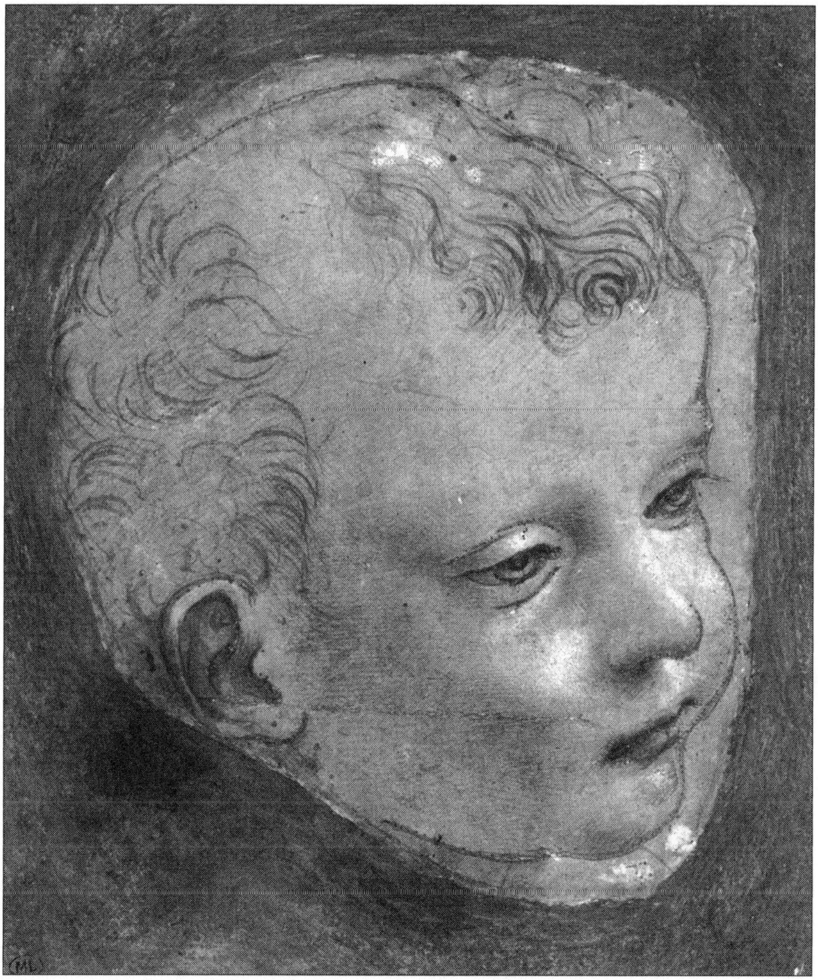

Les magnifiques peintures et dessins d'enfance de Léonard de Vinci expriment plus que son exceptionnelle capacité à représenter les traits extérieurs. Léonard rendait aussi la beauté intérieure et l'innocence de l'âme. L'une des conditions pour entrer dans le royaume des cieux consiste à redevenir un enfant, à faire l'expérience de la renaissance de l'innocence par la curiosità.

Prendre ses responsabilités

(Dimostrazione)

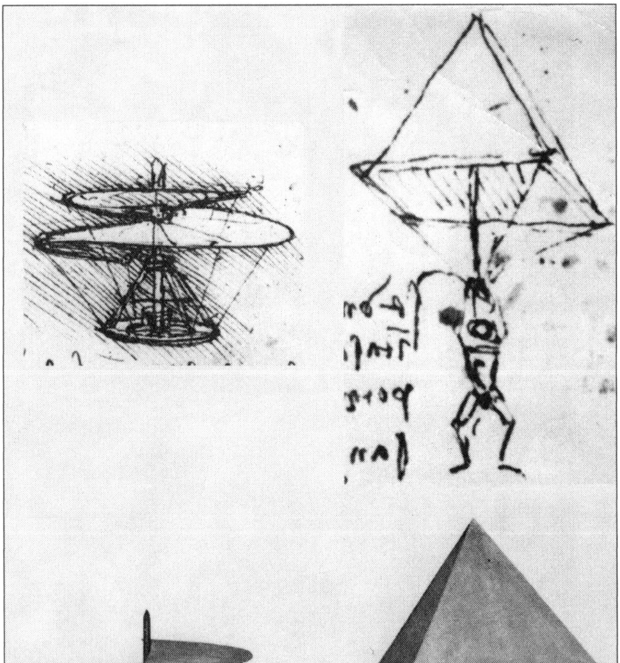

Fasciné par le rêve de voler, Léonard passa des années à étudier l'aérodynamique. Il réalisa des croquis de machines volantes et, dans un merveilleux bond de l'imagination, il dessina ce remarquable parachute.

> Ce qui vient de vous retournera à vous.
>
> MENCIUS, UN SAGE CONFUCÉEN

Un jour, avant même que l'homme sache voler, Léonard de Vinci conçut une invention géniale : le parachute. Les proportions qu'il avait indiquées sur son dessin sont adéquates : « Si un homme possède une tente en lin sans ouverture de 12 aunes[7] de côté par 12 de profondeur, il peut se lancer dans le vide de n'importe quelle hauteur sans se blesser. »

Le délicat et charmant dessin de Léonard est plus qu'un fantastique bond en avant : il symbolise aussi le courage nécessaire à un homme pour prendre ses responsabilités dans la quête spirituelle. Le parachute de Léonard suggère que nous sommes suspendus dans le vide, tenus par les cordes de l'espoir et dépendants de la grâce — et des 144 aunes carrées de tissu — pour nous maintenir dans la vie. Cela laisse entendre que, si nous nous sentons seuls et insignifiants devant l'immensité du cosmos, nous devons néanmoins trouver la force d'ouvrir notre esprit et notre cœur aux mystères de l'univers.

Léonard a su élaborer une vision du monde fraîche et originale fondée sur la sagesse et découlant de ses observations et de son expérience. Émergeant des ténèbres du Moyen Âge européen, où l'idée d'individualité telle que nous la concevons n'existait pas, quand toute autorité était dévolue à l'extérieur de soi, quand il était rare de voir quelqu'un remettre en question quelque chose, Léonard a osé chercher ses propres réponses. Il a contesté les excès et les intrigues de la classe religieuse tout en rejetant la superstition, l'alchimie et l'astrologie (même s'il lui est arrivé de consulter des diseurs de bonne aventure). Il nota : « Plusieurs ont fait commerce de la tromperie et des faux miracles. » Il mettait en garde contre « les contradictions des sciences sophistes qui mènent au charlatanisme éternel ».

Léonard a eu le courage de regarder les choses telles qu'elles étaient. Sa volonté de rejeter l'imitation, de mettre en question l'autorité et de

7. Environ 14 mètres. *(N.D.T.)*

penser par lui-même serait remarquable à n'importe quelle époque ; elle est encore plus stupéfiante quand on sait qu'il héritait d'une tradition vieille de mille ans où l'on croyait que tout avait été découvert.

Avant, durant et après la vie de Léonard, les autorités ecclésiastiques ont martelé l'idée que, si les observations expérimentales contredisaient les dogmes, ceux-ci primaient. Mais pour Léonard le principe de *dimostrazione* prévalait. Son indépendance d'esprit, sa persistance et sa confiance dans l'observation directe et l'expérimentation ont créé en lui un profond sentiment de responsabilité. Il savait qu'en dépit des pressions extérieures pour se conformer aux dogmes religieux il était responsable de ses propres idées et de ses propres jugements.

Léonard incarnait la sagesse du proverbe soufi : « Celui qui goûte sait. » Nous trouvons aussi des échos de ces paroles chez le poète Walt Whitman :

> Tu ne prendras plus les choses de seconde ou troisième main,
> non plus que tu regarderas à travers les yeux du mort,
> ni te nourriras des spectres trouvés dans les livres.
> Tu ne regarderas pas à travers mes yeux non plus,
> non plus que tu prendras des choses de moi.
> Tu écouteras tous les points de vue et les filtreras toi-même.

Léonard exhortait ses étudiants à devenir des *inventore*, des penseurs originaux qui, comme lui, remettraient en question les théories et les doctrines de leur temps. Il écrivait : « Personne ne devrait imiter les manières d'un autre, car il mériterait alors d'être appelé le petit-fils de la nature et non son fils. Étant donné l'abondance des formes naturelles, il importe d'aller directement à la nature. » C'est exactement ce qu'il fit quand il réfuta l'histoire biblique du Déluge. Après avoir constaté l'évidence, Léonard affirma que cette croyance dans la vérité littérale du Déluge « ne peut pas survivre dans un cerveau doté d'un important pouvoir de raisonnement ».

La libre pensée de Léonard ne lui vint pas sans un prix à payer. Il était tellement en avance sur son temps dans tant de domaines qu'il fut d'une certaine façon un homme seul. Le biographe Dmitri Merejkowski le décrit comme quelqu'un qui se serait réveillé trop tôt, alors que tout le monde autour de lui dormait encore.

Mais Léonard n'a jamais perdu courage et il a cherché la vérité dans l'adversité. Bien qu'il ait noté qu'une grande sensibilité peut occasionner une grande souffrance, le ton global de ses écrits révèle un esprit indomptable. En 1499, après avoir consacré seize ans de travail à la création du modèle en argile d'un futur monument équestre de bronze, il vit son œuvre détruite par les envahisseurs français qui la prirent pour cible d'exercice. Léonard écrivit: «Au sujet du cheval, je ne dirai rien, car je connais cette époque.» L'invasion lui coûta aussi le soutien de Ludovico Sforza, le duc de Milan, qui prit la fuite et laissa sa cour derrière lui. En suite de quoi Léonard erra de ville en ville à travers l'Italie durant des années. Il dut surmonter de nombreuses difficultés tout au long de sa vie: l'emprisonnement à Florence, alors qu'il était jeune homme et qu'on le suspectait d'homosexualité; la perte de son protecteur au Vatican, Giuliano de Médicis (le frère du pape Léon X), mort prématurément; la ruine de son chef-d'œuvre, *La Bataille d'Anghiari*, fresque inachevée à cause d'un problème dans la technique de séchage de la peinture; le complot de ses demi-frères pour le priver de sa part d'héritage; l'attaque qui paralysa le côté droit de son corps, trois ans avant sa mort, alors qu'il s'était exilé en France; et, bien sûr, l'échec de son rêve de voler.

> «Ô stupidité humaine! Ne vois-tu pas que tu as passé toute ta vie avec toi-même et tu n'es pourtant pas encore conscient de ce que tu possèdes en premier lieu? Voilà ta folie.»
>
> LÉONARD DE VINCI

Face à ces embûches, Léonard s'écrit à lui-même des mots d'encouragement, d'affirmation et d'inspiration: «Je vais continuer», «Je ne me lasse jamais d'être utile», «Les obstacles ne me font pas plier», «Tous les obstacles sont détruits par la rigueur», et «Règle ta route sur une étoile et tu pourras naviguer à travers la tempête». L'étoile sur laquelle Léonard avait réglé sa route était la rigueur intellectuelle et la liberté par rapport aux préjugés.

Le rêve de voler

Certains chroniqueurs croient qu'un des disciples du maestro a pu essayer sa machine à voler, avec un résultat désastreux, en se lançant du sommet du mont Ceceri, une colline à l'extérieur de Florence. Même si le rêve de voler de Léonard ne s'est pas matérialisé de son vivant, un de ses plans d'aile fut récemment réalisé par une entreprise britannique et l'invention fut testée dans le Sussex par la championne de deltaplane Judy Leden. Avec succès ! Leden commenta : « Je fus d'abord stupéfaite de la beauté de la chose. Il était un peu effrayant de me faire conseiller de ne pas dépasser la hauteur de laquelle j'étais prête à tomber, car l'aile se briserait probablement sous mon poids, mais elle s'est avérée plus solide que les deltaplanes modernes. »
Le fameux parachute de Léonard a aussi été réalisé et testé par un autre Britannique, le parachutiste Adrian Nicholas. Celui-ci s'est attaché à un parachute pyramidal de 85 kilos fait de bois et de toile, conçu selon les plans originaux et en utilisant les matériaux disponibles à l'époque de Léonard. Nicholas sauta d'un ballon à air chaud d'une hauteur de 3050 mètres, dans la province de Mpumalanga, en Afrique du Sud. Il descendit doucement sur 2450 mètres avant de déployer un parachute moderne. Nicholas décrivit l'expérience comme « incroyablement émouvante » : « J'avais un sentiment d'allégresse et de jubilation. C'était comme si je flottais sous un ballon. J'ai pu contempler la rivière sous moi, tandis que le vent vibrait dans mes oreilles. En atterrissant, j'ai remercié Léonard pour cette envolée merveilleuse. »

Léonard savait que l'éveil au monde exige un esprit ouvert : « La pire de toutes les duperies vient de nos opinions. » Comme l'exprimait Seng-Ts'an, le troisième patriarche du bouddhisme zen, le début de l'illumination consiste à « simplement abandonner les opinions ».

En outre, Léonard savait que Dieu aide ceux qui s'aident eux-mêmes, et que cela signifie qu'il nous faut parfois travailler très fort.

Le travail qui nous apporte tant de bienfaits ne se limite pas à nos efforts dans le monde visible : notre conscience doit y participer. Léonard soulignait que «la justice exige de la force, de l'intuition et de la volonté». Il enseignait à ses étudiants que «celui qui ne punit pas le mal commande son accomplissement». Il disait: «Celui qui marche droit tombe rarement.»

> «Ô Dieu, tu répands sur nous de bonnes choses au prix du travail.»
>
> LÉONARD DE VINCI

Dans son délicieux livre *Les Chemins de l'éveil*[8], Roger Walsh explique que nous devons assumer nos intentions et nos actes les uns envers les autres: «Ce principe spirituel et psychologique selon lequel ce que nous souhaitons à l'autre nous arrivera a une importance capitale et un pouvoir certain, mais c'est un principe mal compris. Pourtant, il bouleverse le fondement même des rapports humains. Le secret de toute conduite éthique fut divulgué par le Bouddha: «Tout ce que vous faites, vous le faites à vous-mêmes.»

On retrouve aussi cette idée dans la loi hindoue du karma, qui est un système universel de rétroaction relatif à nos pensées, nos sentiments, nos intentions et nos actes. La loi du karma — tout ce qui sort doit revenir — nous commande de nous examiner nous-mêmes. C'est seulement lorsque nous comprenons les rapports entre nos intentions et leurs effets que nous pouvons réaliser nos plus grands rêves. Comme le faisait observer Léonard: «Vous ne pouvez avoir plus ou moins d'empire sur les choses que vous en avez sur vous-même.»

NOUS RÉCOLTONS CE QUE NOUS SEMONS

- Comme on peut le lire dans Psaumes 62,13: «Car tu rends à chacun selon ses œuvres.»
- L'Évangile de Matthieu (16,27) proclame: «Il rendra à chacun selon sa conduite.»
- Le sage confucéen Mencius l'exprima ainsi: «Ce qui vient de toi retournera à toi.»
- Du *Garuda Purana* hindou: «Chacun récolte le fruit de ses propres actions.»

---

8. *Les Chemins de l'éveil,* Roger Walsh, Le Jour Éditeur, Montréal, 2000, page 152.

Léonard a choisi d'explorer de grands mystères: l'origine de la vie, les secrets du vol, la nature de l'âme, l'essence de la beauté et le sens de la mort. Durant toute sa vie, il a navigué sur des eaux incertaines, fondant ses idées sur ses observations même quand son esprit s'envolait dans les étoiles. Conformément aux préceptes de Jean Houston, il a fait de son esprit «la porte des étoiles».

Léonard vous exhorte à vous réveiller, à penser par vous-même et à ouvrir vous-même une porte sur les étoiles pour faire l'expérience du monde dans toute sa fraîcheur et sa beauté.

PRENDRE SES RESPONSABILITÉS : ÉVALUATION PERSONNELLE

- J'ai compris la spiritualité à partir de mon expérience personnelle.
- Je fais la distinction entre la superstition, les croyances et observances religieuses, et l'expérience spirituelle.
- Je tâche de mettre à l'épreuve ma compréhension spirituelle par l'expérience.
- J'assume la responsabilité de mes pensées.
- J'assume la responsabilité de mes émotions.
- J'assume la responsabilité de mon corps.
- J'assume la responsabilité de mes intentions.
- Je me tiens pour responsable des résultats que j'obtiens dans la vie.
- J'accepte les préceptes religieux qu'on m'a enseignés.
- Je rejette les préceptes religieux qu'on m'a enseignés.
- Je cherche à concilier les préceptes religieux qu'on m'a enseignés et les expériences de ma vie.

PRENDRE SES RESPONSABILITÉS : EXERCICES SPIRITUELS

LE CONTINUUM FRANKL

> «L'homme est digne de louange et de blâme uniquement par rapport à des actes qu'il peut accomplir ou refréner.»
>
> LÉONARD DE VINCI

Léonard de Vinci fut l'un des héros de mon enfance. J'ai aussi beaucoup aimé le psychiatre autrichien Viktor Frankl, que j'ai découvert à l'âge de quatorze ans, à l'époque où j'essayais d'échapper au sentiment de futilité universelle que m'avait inspiré l'holocauste. Frankl, auteur du livre *Découvrir un sens à sa vie*, fut emprisonné dans un camp nazi durant la Seconde Guerre mondiale. Vivant dans des conditions dégradantes, Frankl comprit un jour que, si ses geôliers l'avaient privé de sa liberté physique, ils ne pouvaient rien contre ses pensées secrètes. Il mit au point un système de psychothérapie, la logothérapie, fondé sur l'organisation de la vie autour de la liberté intérieure. Frankl écrivit : «On peut tout enlever à un homme, sauf une chose : la dernière liberté humaine, qui est de choisir son attitude en n'importe quelle circonstance.»

Frankl a réussi, dans des circonstances éprouvantes, à mettre en application la sagesse de Gandhi, selon laquelle «nous devons incarner le changement que nous souhaitons voir advenir dans le monde». Frankl, à l'instar de Léonard et Gandhi, nous incite à prendre nos responsabilités par la liberté intérieure. Chaque fois que j'affronte des difficultés et que je suis tenté d'en blâmer quelqu'un d'autre, je pense à Frankl et je change d'attitude immédiatement.

Bien sûr, la plupart d'entre nous bénéficient d'un niveau de liberté extérieure et d'un confort relatif qui voilent l'importance de la *dimostrazione* spirituelle. De plus, notre culture procédurière et très attachée aux droits peut nous laisser croire que les autres nous doivent quelque chose, que nous devons chercher à l'extérieur de nous-mêmes ce qui nous manque. Cette philosophie diminue notre sentiment de responsabilité personnelle.

Ce que j'appelle «continuum de Frankl» est une façon d'évaluer notre degré de conscience et de responsabilité. L'échelle va de zéro à cent pour cent. Au sommet, à cent pour cent, on retrouve ceux qui, comme Frankl, Léonard et Gandhi, assument pleinement leurs responsabilités pour leurs pensées, leurs intentions, leurs actes et leurs effets sur les autres. Au bas de l'échelle, on retrouve ceux qui se plaignent tout le temps et blâment tout le monde, comme s'ils n'étaient jamais responsables de rien. C'est l'exemple du voleur qui s'introduit dans votre demeure, trébuche sur un meuble, se blesse, puis vous réclame des dommages-intérêts. (En fait, ce voleur obtient la note d'un pour cent: zéro pour cent, c'est la note de l'avocat qui accepterait de le représenter.)

Pour savoir où vous vous trouvez dans le continuum, vous pouvez évaluer votre sentiment de responsabilité en étant attentif aux attitudes qui transparaissent dans votre expression. Parmi les phrases typiques de ceux qui se trouvent au bas de l'échelle, on retrouve:

«Ma femme (ou mon mari) ne me comprend pas.»
«Je n'arrive pas à trouver quelqu'un qui m'écoute au travail.»
«Si seulement...»
«Je ne peux pas...»
«Il n'y a rien que je puisse y faire.»
«Ils ne me laisseront pas faire.»
«Il me rend furieux.»

Si vous vous surprenez à prononcer ce genre de phrase ou toute autre forme de jérémiade, de blâme, de plainte ou d'apitoiement, n'essayez pas de nier la chose. Au lieu de substituer une pensée positive superficielle à vos sentiments véritables, assumez-les. Vous deviendrez tout à fait conscient de la situation et vous serez libre de vous plaindre ou non. Une fois que vous avez reconnu et accepté cette faiblesse, vous êtes apte à modifier vos comportements.

Au sommet de l'échelle, on entend des réflexions du genre:

«Je choisis ma manière de répondre à cette personne ou à cette situation.»

«J'enseigne aux gens comment me traiter.»
«Je ne peux changer les autres qu'en changeant ma façon de les voir.»
«Comment puis-je modifier mon approche pour arriver à de meilleurs résultats?»
«Ce que je déteste chez cette personne ou dans cette situation reflète mon caractère.»

Rappelez-vous maintenant une expérience qui vous a éprouvé récemment, peut-être un problème au travail ou avec un de vos proches, et notez vos réactions dans votre carnet. Examinez-vous objectivement, comme si vous observiez quelqu'un d'autre, et tâchez de voir où vous êtes dans le continuum de Frankl. Récrivez ensuite cette expérience, mais cette fois en disant toute la vérité. Par exemple, vous pouvez décrire la fin d'une relation amoureuse et noter que vous êtes convaincu que l'autre vous a quitté. Mais regardez-y de plus près: vous aviez peut-être choisi dès le départ d'être avec quelqu'un qui finirait par vous laisser tomber. Est-il possible qu'une partie de vous désirait que l'autre personne vous quitte? Le départ de l'autre vous a-t-il procuré une certaine satisfaction? En choisissant d'assumer vos motivations inavouables, vous apprendrez à faire des choix plus éclairés.

LA PRATIQUE DE LA TRIPLE PERSPECTIVE

> «Ainsi, grâce à mes dessins anatomiques, vous connaîtrez toutes les parties : chacune sera illustrée depuis trois points de vue.»
>
> LÉONARD DE VINCI

Les magnifiques dessins de fleurs de Léonard résument sa méthode d'apprentissage par l'expérimentation. Il a tout regardé — les fleurs, les visages, les corps — depuis au moins trois perspectives pour envisager les choses plus distinctement. Dans son *Traité de la peinture*, il explique que, puisqu'on détecte les erreurs «plus facilement dans les œuvres des autres que dans les siennes», on doit préparer son esprit à écouter respectueusement la critique d'autrui.

La discipline de la triple perspective de Léonard est aussi importante dans la maîtrise du monde intérieure que dans la représentation juste du monde extérieur. Le dalaï-lama, un modèle de *dimostrazione* spirituelle, l'explique dans *L'Art du bonheur*[9] :

> «Cette aptitude peut se révéler l'un des instruments les plus puissants et les plus efficaces dont nous disposons pour démêler les problèmes de la vie de tous les jours [...]. Il ne faut jamais oublier que chaque phénomène et chaque événement possèdent plusieurs facettes. Tout est relatif. Prenons mon propre cas : j'ai perdu mon pays. Vu sous cet angle, la perte est tragique — et il y a pire que mon sort personnel, car entre-temps mon pays, lui, continue de subir des ravages. En revanche, si je considère le même événement sous un autre angle, je m'aperçois qu'être réfugié m'ouvre des perspectives : cette qualité m'exempte des formalités, des cérémonies, du protocole [...]. Mais quand on traverse des situations désespérées, il n'est plus temps de se prêter à ces simulacres. De ce point de vue, cette expérience tragique m'a donc été fort salutaire. De même, ma vie de réfugié me crée quantité d'occasions nouvelles de rencontrer des gens qui ont d'autres traditions religieuses, d'autres modes de vie. Je ne les aurais pas rencontrés si j'étais resté dans mon pays.»

9. *L'Art du bonheur,* Dalaï-Lama et Howard Cutler, Robert Laffont, Paris, 1999, page 163.

Bien sûr, quand nous sommes angoissés ou fatigués, ou que nous éprouvons une douleur, une déception ou une perte, il peut être très difficile de penser comme Léonard ou le dalaï-lama. Notre champ d'attention se rétrécit et nous sommes enclins à nous voir comme victimes d'événements incontrôlables. Mais nous pouvons contrôler nos réactions aux événements, surtout si nous nous entraînons à élargir notre perspective.

Vous pouvez commencer à intégrer cette attitude pour vous en remettre à elle dans les circonstances pénibles. Toutes vos expériences doivent enrichir votre croissance personnelle et votre apprentissage. Pour ce faire :

- Décrivez dans votre carnet une situation difficile de votre vie quotidienne.
- Examinez vos conjectures et vos sentiments par rapport à cette situation.

Le dalaï-lama a reconnu les difficultés tragiques causées par l'occupation du Tibet par la Chine, puis il a considéré ces événements du point de vue de la croissance et de l'apprentissage, jusqu'à devenir conscient des bienfaits indirects : rencontres avec les autres, rejet de la prétention, libération des structures formelles. Essayez de faire la même chose avec les difficultés de votre vie.

- Examinez la situation depuis trois perspectives différentes.
- Que vous apprennent ces trois perspectives et quels effets ont-ils sur vos pensées et vos sentiments ?

La multiplication des points de vue

« Si vous observez depuis un autre angle, vous découvrirez que le geste qui vous a mis en rage vous a aussi fourni certaines opportunités, qui auraient été impossibles autrement... C'est que cela exige un effort plus important de votre part, afin de chercher un autre point de vue [10]. »

Le dalaï-lama

10. *Ibid.*, page 164.

Mon amie Jill (c'est un pseudonyme) a accepté de m'ouvrir son carnet où elle applique la théorie de la triple perspective à son divorce, survenu après vingt ans de mariage. Durant l'année précédant leur séparation, elle savait que son mari avait une liaison avec une autre femme. Quand elle le pressait de questions, il niait tout et, de peur qu'il l'abandonne, elle baissait les bras. Elle apprit bientôt qu'il avait présenté cette femme à un de ses enfants. Il disait ne pas vouloir le divorce, mais en même temps il ne souhaitait pas célébrer leur vingtième anniversaire de mariage, aussi se mit-il à parler d'une simple séparation. Puis, après avoir refusé pendant vingt ans une thérapie conjugale, il accepta de s'y soumettre. Au cours de la thérapie il nia qu'il y était pour mettre fin au mariage, mais affirmait être ouvert à tout résultat, puis il dit à Jill qui l'aimait. Mais, comme elle l'écrivit : « Il répondait vaguement aux questions, n'exprimant jamais clairement ses désirs ou ses intentions. » Elle sentait qu'il avait accepté la thérapie pour que le thérapeute l'aide à s'extirper de son mariage. Ce fut finalement Jill qui prit la décision de divorcer et son mari put nier toute responsabilité. Cet homme vit maintenant avec une autre femme et Jill a eu beaucoup de mal à accepter la perte d'un être cher, mais aussi la malhonnêteté de cet homme. Son carnet montre comment l'exercice de la triple perspective l'a aidée à se défaire du sentiment d'être une victime pour acquérir le pouvoir de pardonner.

PERSPECTIVE 1 : BLÂME

Voilà un homme qui prétend tenir à son intégrité, affirmant que c'est tout ce qu'on a dans la vie. Pourtant, je me rends compte qu'il en a très peu, voire pas du tout. Je ne me vois pas comme une sainte, loin s'en faut, mais nous avions des ententes et je crois qu'il les a violées. Il a orchestré le divorce comme un manipulateur sournois. Il recouvre d'un beau vernis la réalité fondamentale : il m'a trompée et je l'en blâme. Pendant un certain temps je me blâmais, me disant qu'il n'aurait pas été attiré ailleurs si j'avais été une meilleure épouse, si j'avais satisfait ses exigences, si j'avais tu les miennes, etc. Je m'en suis voulu de l'avoir laissé s'en tirer ainsi pendant si longtemps. Le problème est que la certitude d'être dans mon bon droit n'est pas très satisfaisante ni constructive : les blâmes me laissent en colère et malheureuse.

PERSPECTIVE 2 : RESPONSABILITÉ PERSONNELLE

Quand j'examine la situation par rapport à la responsabilité personnelle, elle apparaît différente. Quand je l'ai connu, il était marié. J'ai rencontré ses enfants et je vivais avec lui au moment où il tentait de divorcer. Malgré l'excuse de la jeunesse, comment pouvais-je ignorer que cette situation pourrait un jour se répéter ?

Pendant presque toute la durée de notre mariage, je ne fus pas heureuse. L'individualisme de mon mari n'a fait qu'accentuer mon désir d'intimité. Je nous ai laissé vivre des vies parallèles, acquiesçant souvent à ses désirs inacceptables, sans voir que je noyais mes propres besoins. J'ai découvert des manières constructives et saines de faire face à la douleur et à l'angoisse, mais j'en ai aussi expérimenté d'autres plus malsaines. Peu importe ce que je faisais, je n'ai jamais trouvé le courage de mettre fin à notre relation. J'écris cela sans animosité, ni envers lui ni envers moi-même ; je ne fais que décrire la réalité. Peut-être faisais-je tout pour le pousser à choisir la séparation et le divorce, parce que je n'avais pas, moi, le courage d'accomplir ce geste.

Quoi qu'il en soit, je vois que dès le départ notre relation était vouée à l'échec. Pendant toutes ces années j'ai choisi d'être complice de ses pitreries. Je comprends que j'ai constamment refusé d'assumer mes désirs, par peur du rejet, et pourtant j'étais déjà rejetée insidieusement. La bonne nouvelle c'est que, en comprenant enfin que c'est moi qui ai choisi cela, j'ai remonté dans ma propre estime. Je ressens une intense colère de temps à autre, mais je n'ai jamais été si peu angoissée en vingt-cinq ans.

PERSPECTIVE 3 : BÉNÉDICTION

Au début, c'était difficile de croire que j'étais responsable de mes choix : c'était comme avaler un médicament. Il était plus facile de simplement blâmer l'autre et de souffrir. Mais à mesure que se renforçait en moi l'idée de ma responsabilité, je suis arrivé à lui pardonner et à me pardonner, et je comprends maintenant tout le bien que m'a fait cette histoire. Peut-être est-il entré dans ma vie comme un enseignant, un catalyseur, un ami, un partenaire passionné, une personne qui me ferait grandir (je n'avais que vingt-quatre ans lorsque nous nous sommes rencontrés), pour jouir d'une belle famille grâce à lui (trois merveilleux beaux-enfants avec desquels je suis très liée). Peut-être ai-je eu l'intuition qu'il nous fallait parcourir un chemin ensemble jusqu'au bout et peut-être cette aventure avait-elle sa valeur en elle-même, malgré les difficultés. Bien que nous ayons conclu un divorce à l'amiable, la période de récupération a été très douloureuse et exigeante, mais tout cela nourrit la croissance. Je ne suis pas mièvrement optimiste, mais je ne suis pas amère non plus. En vérité, sans son côté très indépendant — il était souvent absent, je ne savais rien de son travail, il ne se livrait pas et ne m'intégrait pas à son groupe d'amis —, je n'aurais jamais cherché à connaître mes propres désirs. Même s'il m'avait permis de dépendre davantage de lui (au moins financièrement), cela n'aurait pas changé la qualité d'intimité; nous aurions probablement abouti à la même situation. J'ai pourtant commencé à m'occuper davantage de moi. Alors que j'étais toujours mariée, j'ai acheté une maison, parce que je voulais établir des racines, ce que nous ne pouvions faire dans la maison que nous louions. J'ai créé mon propre cercle d'amis et j'ai eu une carrière satisfaisante. Oui, il subsiste encore de la douleur, mais cela fait partie de la vie. Comme le dit le dicton bouddhiste: «La douleur est inévitable, mais la souffrance est facultative.» Je me sens plus forte quand je pense que les choses se sont déroulées logiquement et que nous sommes tous les deux responsables de la situation. J'ai choisi de me lancer dans la voie de la croissance personnelle et de la conscience, de tirer parti de toutes ces expériences afin d'être plus sincère envers moi-même, d'écouter et de suivre les invitations de mon âme, de manière à savourer pleinement toutes les bénédictions qui m'échoient.

LA PRATIQUE DES TROIS CHAISES

C'est une version de la triple perspective et elle est spécialement utile pour comprendre l'esprit de quelqu'un avec qui vous êtes en conflit. Pensez à une telle personne — votre patron, votre conjoint, un parent, un enfant, un ami, quiconque dont les actes et les attitudes vous troublent.

1. Décrivez le problème dans votre carnet.
2. Préparez trois chaises : deux sont face à face, l'autre sur le côté, comme la chaise d'un témoin. (Si vous préférez, vous pouvez faire cet exercice mentalement.)
3. Asseyez-vous sur la première chaise. Imaginez que l'autre personne est assise en face de vous. Ne dites rien, mais observez tranquillement cette personne. Que ressentez-vous ? Qu'aimeriez-vous qu'il arrive ? Notez tout ce qui vous passe par la tête.
4. Allez vous asseoir sur la chaise en face de vous et imaginez que vous êtes l'autre personne. Faites comme si vous pouviez vous voir en face comme cette autre personne vous verrait. Glissez-vous dans la peau de l'autre (c'est plus facile si vous mimez ses gestes). Décrivez les pensées, les sentiments, les rêves et les désirs de cette personne, tels que vous les imaginez. Que veut cette personne ? Quels sont les faits, selon elle ? Transcrivez dans votre carnet tout ce qui vous vient, du point de vue de l'autre. Cette perspective différente vous a-t-elle inspiré de nouvelles idées surprenantes ?
5. Assoyez-vous sur la troisième chaise et adoptez le comportement d'un observateur neutre — ce peut être un sage, un ami, un personnage historique (pourquoi pas Léonard de Vinci ?). Imaginez que vous vous voyez vous-même à travers les yeux de l'observateur et que vous voyez la personne avec laquelle vous êtes en conflit. Décrivez ce que vous pensez de la situation. Que veulent vraiment ces deux personnes ? En tant que sage, que désirez-vous pour les deux ? Y a-t-il quelque chose qu'ils ne voient pas et qui pourrait les aider ? Notez vos pensées depuis la perspective de l'observateur. Qu'avez-vous appris en changeant de place, en changeant de peau ? Qu'y a-t-il de différent dans la situation ? Qu'y a-t-il de similaire ? Comment vous sentez-vous maintenant ? Avez-vous de nouvelles idées, de nouvelles façons d'aborder la situation, une nouvelle compréhension des choses ? Qu'allez-vous faire ? Réfléchissez bien à la situation et notez vos pensées dans votre carnet.
6. Si vous voulez, vous pouvez adopter une autre perspective, par exemple celle d'une présence divine ou angélique flottant au-dessus des chaises. Cet observateur veut le bien de tous. Demandez-vous ce que dirait l'ange.

RÉGLEZ VOTRE ROUTE SUR UNE ÉTOILE : LE CINÉMA-VÉRITÉ

Selon la sagesse hassidique : « Il n'existe pas de limite à l'ascension de l'homme et les quartiers les plus nobles sont ouverts à tous. Ici, seul votre choix est suprême. » La vie de Léonard est devenue une ascension vers les quartiers les plus nobles parce qu'il a choisi de faire cette ascension. Nous l'admirons parce qu'il nous rappelle que nous pouvons aussi rejoindre les étoiles.

Il s'agit d'une pratique simple pour modifier votre vision des choses et vous inciter à choisir une vie en harmonie avec vos aspirations. C'est un exercice plaisant, surtout si vous aimez le cinéma.

Commencez en vous posant ces questions :

- Vos souvenirs ne peuvent-ils être que des fragments d'illusion dans votre imagination ?
- Existe-t-il une partie de vous plus « réelle », qui soit plus que la somme des rôles superficiels que vous jouez, ou qui aspire à vivre une autre vie ?
- Votre vie vous semble-t-elle un film réalisé par quelqu'un d'autre que vous-même ?

Après avoir laissé ces questions résonner en vous, faites l'exercice suivant. Asseyez-vous confortablement et prenez quelques inspirations pleines et décontractées. Fermez les yeux, voyez votre vie comme un film. Les scènes importantes de votre enfance et de vos années d'école apparaissent à l'écran. Observez les repères importants de votre vie, les tragédies, les succès, les erreurs, les souvenirs de la famille, des amis, les joies et les peines. Évitez d'analyser cette vie ou de vous attarder à une scène particulière.

> « Si vous comprenez l'essence de la pratique spirituelle, vous pouvez utiliser les vingt-quatre heures des jours pour vous y consacrer. La vraie spiritualité est une attitude mentale perpétuelle. »
>
> LE DALAÏ-LAMA

Quand le film montre votre vie actuelle, interrompez-le et respirez bien. Si vous aviez à décrire ce film, qu'en diriez-vous ? Est-ce larmoyant, est-ce une comédie, un film noir, un film d'aventures, un film romantique, un film de répertoire, un film d'horreur? Qui en serait le réalisateur? Scorcese, Allen, Arcand, Jaoui, Truffaut, Fellini? Refaites le film de votre vie dans un autre genre et avec un autre réalisateur. Voyez ce nouveau film depuis cette autre perspective.

Ensuite, imaginez que votre présent existe hors de tous ces scénarios. Allez plus loin et imaginez que votre existence ne fait que commencer. Dans la fraîcheur de ce moment originel, que choisissez-vous de vivre, ici et maintenant? Que sera le film du reste de votre vie? Notez tout.

UNE SENSIBILITÉ VIVE

(SENSAZIONE)

Gros plan des anges du Baptême du Christ *de Verrocchio.*

> L'œil avec lequel je vois Dieu est l'œil par lequel Il me voit. Mon œil et l'œil de Dieu sont un seul œil, une seule vision, une seule connaissance, un seul amour.
>
> MAÎTRE ECKHART, MYSTIQUE CHRÉTIEN

L'ange à gauche, sur *Le Baptême du Christ* de Verrocchio, est le premier tableau authentifié de Léonard de Vinci. Il l'a peint alors qu'il était apprenti dans l'atelier de Verrocchio. À la Renaissance, le maître demandait souvent à un élève d'achever les détails d'un tableau. Mais, dans ce cas-ci, le résultat fut inhabituel : Léonard surpassa son maître.

Quand j'ai vu ce tableau pour la première fois au musée des Offices de Florence (musée dessiné par Vasari), j'ai ressenti quelque chose d'extraordinaire et d'inoubliable : la présence réelle de l'ange. Avec son regard extatique dirigé vers le sacrement et son visage plein de révérence et d'enthousiasme, l'ange de Léonard exprime l'essence même de la *sensazione* spirituelle. Par comparaison, l'ange de Verrocchio est triste et distrait — comme « un enfant de chœur ennuyé » (dixit le critique d'art Robert Wallace).

L'ange de Léonard se distingue des personnages de Verrocchio non seulement par son éclat, mais aussi par sa beauté. Selon Giorgio Vasari, quand Verrocchio vit la délicatesse et la beauté sacrée du travail de son élève il cessa de peindre.

Léonard a aussi peint une partie du paysage derrière l'ange. Le critique d'art Lord Kenneth Clark le décrit comme « un mouvement plein, la lumière bougeant au-dessus des collines, le vent agitant les feuilles des arbres, l'eau s'écoulant et tombant en cascades ; le tout est rendu par de brillantes touches brisées, avec des mouvements brusques et des flottements du pinceau, ou de petits jets de peinture dorée ». Clark ajoute que l'œuvre démontre « le pouvoir prophétique qui se dégage parfois des premières œuvres des génies ».

Le premier tableau de Léonard est un éloquent témoignage de la précocité de son talent, mais il exprime aussi sa sensibilité spirituelle :

il atteste un niveau de perception et de conscience que n'avait pas atteint son maître. Comme le dit Jean Houston : « La beauté éthérée du paysage et l'intensité de la lumière de l'ange de Léonard rendent avec précision la lumière de l'âme. »

Il nous est donné à tous de vivre dans le monde avec une attention vivante, radieuse et même extatique. Nous pouvons aussi tomber dans l'ennui et la tristesse de l'habitude, prenant à peine note de ce qui nous entoure. Nous avons le choix.

Si nous choisissons d'affûter notre conscience, nous nous donnons la possibilité de voir les choses de manière fraîche, comme les enfants et les génies. Le poète William Wordsworth, évoquant son souvenir de « la vivacité et la splendeur qui habillent les objets de notre jeunesse », fit une description vivante de l'éclat qui parfois illumine les choses de l'intérieur :

> Il fut un temps où prairie, verger et ruisseau
> La terre et toute vision ordinaire
> M'apparaissait à moi
> Vêtus d'une lumière céleste,
> Gloire et fraîcheur d'un rêve.

Hélas ! Nous perdons cette faculté d'émerveillement au sortir de l'enfance. Comme se lamentait Léonard il y a cinq cents ans en Toscane, l'homme de la rue « regarde sans voir, entend sans écouter, touche sans ressentir, mange sans goûter, bouge sans conscience physique, inspire sans éprouver l'odeur ou le parfum, et parle sans réfléchir ». Souhaitons que ce constat sévère nous incite à aiguiser notre conscience et à cultiver l'attention dans notre vie quotidienne. C'est la célébration de la présence du Divin dans tout ce que nous voyons.

Nous pouvons commencer par aiguiser notre attention en affinant tous nos sens, comme le fit Léonard. Cela lui permit de voir des choses que personne d'autre ne voyait, comme les mouvements subtils du vol des

> « Il existe une lumière qui brille davantage que le soleil, davantage que la lumière du plus haut ciel. C'est la lumière qui brille dans ton cœur. »
>
> *UPANISHAD* (TEXTES INDIENS DE LA LITTÉRATURE VÉDIQUE)

oiseaux, les nuances du va-et-vient de l'eau dans un ruisseau et la diffusion de la lumière au coucher du soleil.

De plus, le maestro stimulait sa sensibilité en créant autour de lui un environnement esthétique : il travaillait au son d'une musique raffinée, prenait plaisir de ses mouvements gracieux et aimait la sensation des tissus les plus délicats. Il créa sa propre eau de toilette à partir de lavande et d'eau de rose, il appréciait la saveur et l'arôme d'une nourriture simple mais bonne, et il s'entourait d'élégance et de beauté.

> « Quel esprit peut pénétrer votre nature ? Quel langage peut exprimer cette merveille, le miracle de la vue ? Aucun, sans l'ombre d'un doute. C'est ici que la parole humaine se tourne vers la contemplation du divin. »
>
> LÉONARD DE VINCI

Il faisait cela pour la joie inhérente à ces plaisirs, mais aussi parce qu'il croyait que « les cinq sens sont les ministres de l'âme ».

Pour faire de la *sensazione* une expérience spirituelle, il faut épurer la conscience pour atteindre des niveaux de plus en plus subtils, non seulement par les cinq sens, mais aussi par la contemplation de notre monde intérieur. Le soufi Barqi montre le chemin avec l'idée provocante que « l'esthétique n'est que la forme élémentaire de la perception du réel ». Platon nous invite à découvrir « l'œil de l'âme », qui est « plus précieux que dix mille yeux physiques, car c'est seulement par lui qu'on voit la vérité ». Lao-tseu, dans le *Tao-tö-king*, affirme simplement : « Ainsi le Sage s'occupe-t-il de son ventre et non pas de son œil. Il préfère l'interne à l'externe. »

Saper vedere (savoir regarder) était l'une des devises préférées de Léonard. Savoir regarder veut aussi dire s'occuper de l'œil de l'âme, de l'œil intérieur. Mais comment développer l'œil intérieur ? Aucun cours ne peut nous l'apprendre, mais voici tout de même quelques indices sur lesquels nous nous pencherons plus loin dans ce chapitre.

> Question : « Comment puis-je vivre ici et maintenant ? »
> Réponse : « Vous le faites. Vous ne l'avez tout simplement pas remarqué. »
>
> BYRON KATIE

Premièrement, il s'agit d'être attentif au moment présent. Ce moment, ici et maintenant, est le seul qui existe vraiment. Léonard avait remarqué ceci : « Dans la rivière, l'eau que vous touchez est la dernière de ce qui est passé et la première de ce qui vient ;

il en est de même du moment présent.» Chaque tic-tac de votre montre se produit maintenant, comme chaque respiration. (Le mot esprit vient du latin *spiritus*, «souffle».) Être attentif, c'est vivre dans le présent pur au lieu de s'inquiéter du passé ou du futur.

Ensuite il faut savoir apprécier et révérer toute la création. Quand nous regardons sous la surface pour sentir l'âme de chaque créature vivante, nous rencontrons notre propre âme. Léonard décrivit ainsi cette forme de conscience: «L'amoureux est ému par l'être aimé comme l'est le sens par ce qu'il perçoit; ils s'unissent et deviennent une seule et même chose.»

Selon plusieurs traditions, l'ascèse possède la vertu de développer une conscience plus profonde et la compréhension spirituelle. Gandhi a connu cette voie: «Renonce et réjouis-toi.» Le jeûne, la simplicité et le silence peuvent être de grands maîtres, mais quand ils deviennent des buts en eux-mêmes ils peuvent mener à un cul-de-sac spirituel.

Rabindranath Tagore, le poète lauréat du prix Nobel qui donna à Gandhi son surnom, «le Mahatma» (Grande Âme), voit nos plaisirs sensoriels comme des dons divins qu'il faut chérir:

> «La libération n'est pas pour moi la renonciation. Je ressens l'accolade de la liberté dans mille liens de délice. Tu fais sans cesse pleuvoir sur moi le frais tirage de ton vin aux multiples couleurs et parfums, remplissant la terre jusqu'à ras bord. Mon monde allumera ses centaines de lampes à ta flamme et les placera devant l'autel de ton temple. Non, je ne fermerai jamais la porte de mes sens. Les délices de la vue, de l'ouïe et du toucher en porteront le délice. Oui, toutes mes illusions se consumeront en illumination de joie et tous mes désirs mûriront en fruits d'amour.»

Environ cinq cents ans avant Jésus-Christ, le Bouddha a vécu une vie de prince avant de s'engager dans une période d'intense renoncement de soi et d'ascétisme. Après avoir reçu l'Éveil, il enseigna que toute vie est douleur, mais qu'on pouvait s'en libérer par la connaissance de la réalité. Vous pouvez choisir de jeûner, de consommer un repas simple ou de vous adonner à un festin, mais il est important d'effectuer votre choix dans un esprit de gratitude et de joie.

une sensibilité vive : évaluation personnelle

- Quel pourcentage de mon temps est-ce que je consacre à penser au futur et à m'en inquiéter ?
- Quel pourcentage de mon temps est-ce que je consacre à penser au passé et à m'en inquiéter ?
- Quel pourcentage de mon temps est-ce que je consacre au moment présent ?
- Mes sens s'affinent et ma conscience s'élargit à mesure que je vieillis.
- Je cherche des moyens pratiques pour développer ma conscience.
- Je suis conscient des effets de mon environnement sur ma conscience.
- J'essaie de voir le monde autour de moi d'une manière nouvelle chaque jour.
- Je suis conscient de ma respiration et des battements de mon cœur.

À chaque instant nous pouvons restreindre ou élargir notre conscience. Invitez l'esprit de l'ange de Léonard dès maintenant dans votre vie : accroissez votre conscience et vivez la vénération qui vous rapproche de la lumière intérieure.

UNE SENSIBILITÉ VIVE : EXERCICES SPIRITUELS

> L'être perceptif n'a besoin que d'un signe. Pour celui qui n'en tient pas compte, mille explications ne suffisent pas.
>
> HAJJI BEKTASH, MAÎTRE SOUFI

CULTIVEZ LA MEMORIA

Dans son ouvrage classique, *The Brain Book*, Peter Russell souligne que les recherches sur la mémoire montrent que nous avons toutes les chances de nous rappeler quelque chose qui vient à la tête ou à la fin d'une série. On appelle « effet de primauté » la tendance à se rappeler ce qui vient en premier et « effet de récence » la tendance à se rappeler ce qui vient en dernier.

Memoria est le mot italien pour « mémoire » ou « souvenir ». On le retrouve souvent dans les carnets de Léonard. Nous pouvons enrichir notre vie intérieure et aviver notre conscience en tirant parti du fonctionnement de la *memoria*, c'est-à-dire en nous concentrant sur les éléments de primauté et de récence pour nous rappeler de nous ouvrir davantage à la grâce. Plusieurs religions professent de prier au début et à la fin d'événements petits et grands, quotidiens ou cycliques, saisonniers ou annuels. Ces occasions sont enchâssées dans des rites qui procurent aux fidèles des rappels répétés de la présence du Divin.

Vous pouvez aiguiser votre conscience spirituelle en affirmant consciemment votre lien au Divin en des moments de primauté et de récence durant votre journée.

Ainsi, la tradition juive enseigne que « la clé de toute chose est la manière dont vous commencez. » À la porte de toute demeure juive, vous trouverez un *mezuzah*, une petite boîte qui contient des passages de la torah. Le *mezuzah* sert de rappel du Divin chaque fois qu'on entre ou sort de la maison. Chez les soufis et les bouddhistes tibétains, toute activité — le repas, le travail, l'exercice, la méditation, la séance de yoga, etc. — débute et se termine par une prière de dédicace. Ainsi, avant de manger, vous pouvez rendre grâce et consacrer la nourriture que vous allez recevoir à un noble but : « Puisse cette nourriture m'aider à répandre le bien au nom du Créateur. » Vous pouvez répéter une telle dédicace à la fin du repas. Au début de la méditation ou de la séance de yoga, vous pouvez tirer profit de l'effet de primauté en disant: «Je dédie cette séance à mon Éveil, pour être un instrument de Ta paix.» À la fin, pour profiter de l'effet de récence, répétez la dédicace.

On peut appliquer la même méthode au début et à la fin de chaque journée. Il est également bon de mettre au point une sorte de rituel qui marque la fin de votre temps de travail et le début de votre temps de repos à la maison, surtout si vous vivez en famille. Prendre quelques minutes avec votre conjoint après le travail pour honorer votre lien et l'élever vers un noble but peut transformer votre vie commune en lui adjoignant beaucoup de profondeur.

CRÉEZ UN ENVIRONNEMENT NOURRISSANT SUR LE PLAN SPIRITUEL

> «Quiconque cherche à voir comment l'âme habite le corps n'a qu'à observer comment ce corps utilise sa demeure: si celle-ci est dans le désordre et la confusion, l'âme maintiendra le corps dans le désordre et la confusion.»
>
> LÉONARD DE VINCI

Votre environnement sert de nourriture à votre âme. Vous pouvez faire un festin exquis ou un repas spartiate, mais si vous ne le choisissez pas consciemment, vous courez le risque de consommer l'équivalent spirituel d'une nourriture en conserve, parce que les influences spirituellement nourrissantes ne sont pas facilement disponibles dans notre monde encombré, chaotique et bruyant. Devant l'assaut de ce bruit de fond visuel et auditif, la plupart des gens, hélas, ne font que «regarder sans voir», comme disait Léonard.

Léonard prenait soin de cultiver un environnement esthétiquement plaisant, car il avait compris l'importance d'un tel environnement pour l'harmonie intérieure.

Vous pouvez aiguiser votre *sensazione* spirituelle et nourrir votre âme en créant une «demeure» qui évoque le Divin et vous le rappelle. Pour ce faire, voici quelques idées simples:

• **Orchestrez votre journée.** En plus d'être un musicien talentueux, Léonard faisait jouer pour lui des musiciens pendant qu'il travaillait dans son atelier. À ses yeux, la musique favorisait la créativité et le bien-être. Les scientifiques contemporains se sont penchés sur la question et nous savons que la musique de Mozart a un effet positif et énergisant, un effet de «syntonisation» sur les êtres sensibles. Dans *L'Effet Mozart*, Don Campbell rapporte les effets de cette musique sur la croissance des plantes, la production de lait chez les vaches et la performance intellectuelle chez les humains, entre autres phénomènes.

Plusieurs traditions spirituelles ont utilisé le son pour créer le même effet positif favorisant la guérison, la paix intérieure et l'éveil.

Découvrez la musique qui vous élève le plus spirituellement et «orchestrez» votre journée en conséquence. (Par exemple, ce livre a été écrit sur un fond de chants grégoriens...)

• **Créez un autel.** Consacrez un coin de votre maison à la prière. Remplissez cet espace d'objets et d'images qui vous rappellent ce qui dépasse l'ego. Mon autel est au-dessus de ma commode et contient des photographies de mes parents et grands-parents, une plaque sur laquelle est gravée une prière de saint François, une image de *L'Homme vitruvien*, un petit Bouddha, une peinture abstraite représentant l'ouverture du *chakra* du cœur, et d'autres *memorias* inspirantes.

• **Répandez des parfums.** L'encens, les fleurs fraîches et les huiles essentielles peuvent délicieusement favoriser votre inspiration et modifier votre conscience. (Pendant que j'écris ces lignes, je fais brûler de l'encens à la lavande et je jouis de la vue et du parfum d'un bouquet de roses — la combinaison lavande et rose était l'arôme préféré de Léonard.)

• **Appliquez le *feng shui*.** Le *feng shui* est un ancien système chinois qui servait à arranger l'intérieur des maisons — à disposer les meubles, les miroirs, les fontaines, etc. — pour équilibrer les forces du *yin* et du *yang* et augmenter au maximum l'harmonie avec la nature[11].

11. Voir à ce sujet *The Western Guide to Feng Shui*, de Terah Kathryn Collin.

• **Touchez les choses avec énergie.** Deepak Chopra décrit cette manière unique de toucher les choses: «Si vous le voulez, vous pouvez vous sentir uni à tout ce que vous touchez. Dans la conscience ordinaire, on touche une rose du doigt et on la sent solide, mais en réalité il s'agit d'un paquet d'énergie et d'informations — le doigt — qui entre en contact avec un autre paquet d'énergie et d'informations — la rose.» Le génie de Léonard en matière de *sensazione* lui a permis de rendre évident cet ordonnancement implicite d'énergie et d'informations. J'ai exploré cette qualité du toucher en étudiant Léonard, dans des cours d'écoute sensorielle et à travers trente années de pratique de la technique Alexander, mais le toucher le plus sensible que j'ai ressenti est la prise du pouls par l'acuponcteur Lorie Dechar. Je lui ai demandé de décrire sa méthode afin de vous inciter à prendre le pouls du monde:

> «La lecture du pouls joue un rôle dans la guérison, selon de nombreuses traditions, et constitue une partie importante du diagnostic dans la médecine chinoise. Un acuponcteur qualifié peut déterminer la sévérité et le siège d'une maladie par cette pratique. On peut même parfois savoir depuis combien de temps une personne est malade et dans combien de temps elle recouvrera la santé.
>
> «Il existe douze points où l'on peut prendre le pouls, des deux côtés du poignet, juste au-dessus de l'artère radiale. Mais contrairement au médecin occidental l'acuponcteur ne perçoit pas le sang de l'artère, mais plutôt la vibration engendrée par le pouls dans les tissus. Quand j'explique cela aux patients, je décris le pouls radial comme une pierre lancée dans un étang. Je ne m'intéresse pas tant à la pierre qu'aux vagues qu'elle engendre. Ces vagues me renseignent sur les mouvements du *qi* (*aka, chi, prana, ki,* énergie vitale) et me procurent une vue intérieure du corps, du mental et de l'esprit du patient.
>
> «L'acuponcteur touche le poignet juste au-dessus de l'artère et perçoit les ondulations du bout des doigts. Au début, les étudiants qui apprennent à poser un diagnostic par le pouls disent ne rien ressentir. Mais avec la pratique leur sensibilité se développe et un monde complètement nouveau s'ouvre au bout de leurs doigts. Avec le temps, on peut lire les pouls et les accorder comme les cordes d'une guitare. L'écoute attentive permet parfois à l'acuponcteur de changer un pouls qui sonne faux et résonne mal en un carillon harmonieux de douze cloches en or.»

La liste des dix meilleurs albums spirituels

1. *Chakra Chants*, Jonathan Goldman
   Un voyage de guérison, du *chakra* de la racine à celui de la couronne.
2. *Sound Massage*, Brigitte Hamm
   Bols de cristal et voix. Tout simplement magique!
3. *One Track Heart*, Krishna Das
   Ma musique favorite au volant. Elle m'aide à bénir plutôt qu'à maudire ceux qui me coupent la voie sur les autoroutes du New Jersey.
4. *Om*, Yoga International
   Seulement Om, tout le temps. Superbe expression de ce mantra universel.
5. *Chant Meditation*, Jade/BMG Music
   Chants grégoriens: mon accompagnement favori pour entrer en résonance quand j'écris.
6. *Harmonic Resonance*, Jim Oliver
   Très calmant, des tonalités très basses pour la méditation et la contemplation.
7. *The Power of 7*, Brian E. Paulson
   Merveilleux pour ouvrir l'œil intérieur et harmoniser le cœur.
8. *Everyday Ecstasy*, Margot Anand
   Une célébration de la passion, de l'esprit et de la joie.
9. *Hearing Solar Winds*, David Hykes
   Des sons de liberté intérieure.
10. *Seven Metals*, Benjamin Iobst
    Gene Jones le qualifie de «meilleur CD de bols tibétains disponible».

SOYEZ ICI ET MAINTENANT

L'accoutumance aux substances néfastes est endémique dans notre culture. L'alcool et les drogues affectent de nombreuses familles. Mais il existe une autre forme d'accoutumance qui nous affecte tous: l'habi-

Ce dessin de Léonard est une remarquable évocation de l'attention intérieure respectueuse. Léonard a loué les vertus du temps qu'on prend seul pour se détendre, regarder et écouter en soi. Vous pouvez cultiver votre sensazione spirituelle en faisant l'expérience du silence. Garder consciemment le silence pendant une heure ou une journée entière constitue une puissante pratique pour consolider votre énergie et trouver la paix intérieure.

tude d'attendre. Nous attendons que les choses s'améliorent si elles ne vont pas bien, ou qu'elles se détériorent si elles vont bien. Même quand nous avons la personne ou la chose que nous voulons, nous n'arrêtons jamais d'attendre quelque chose : l'argent, le sexe, le plaisir, le succès, l'éveil ; ou que la vie redevienne ce qu'elle fut.

Le maestro connaissait l'attente :

> « Contemple l'espoir ou le désir de retourner dans ton pays comme celui du papillon de nuit pour la lumière, ou comme l'homme aux désirs incessants est toujours tourné avec joie vers le prochain printemps et le prochain été, estimant que ce qu'il désire prend trop de temps à venir ; et qui ne perçoit pas qu'il attend sa propre destruction. »

L'éveil attend de vous que vous *cessiez d'attendre* !

Aux funérailles du sage Rabbi Moshe, Rabbi Mendel demanda à un de ses disciples : « Qu'est-ce qui comptait le plus aux yeux de votre maître ? » Le disciple répondit : « Ce qu'il faisait à tout moment. »
Sagesse hassidique

faire face à l'ombre

(sfumato)

Saint Jean-Baptiste *est probablement la dernière peinture à l'huile complète de Léonard; de ce fait, elle alimente nos spéculations sur son état d'esprit à la fin de sa vie.*

> Quand vous engendrerez cela en vous, ce qui est à vous vous sauvera ; mais si vous n'avez pas cela en vous, ce qui n'est pas à vous vous tuera.
>
> ÉVANGILE APOCRYPHE DE THOMAS

À sa mort le 2 mai 1519, au Clos-Lucé près d'Amboise, en France, Léonard avait en sa possession trois de ses chefs-d'œuvre : *La Joconde* ; *La Vierge, l'Enfant Jésus et sainte Anne* ; et son œuvre la plus curieuse, *Saint Jean-Baptiste*. Bien qu'il soit difficile de cerner ce qui confère à ce tableau sa force unique, nous savons que certaines techniques fondamentales de Léonard en sont partiellement responsables. La lumineuse intensité de l'androgynie de saint Jean émergeant de l'ombre dans la lumière dorée en fait l'une des plus extraordinaires démonstrations de l'effet *sfumato* du maestro.

Sfumato vient de la racine latine *fumus*, qui signifie « enfumé ». Les critiques d'art ont employé ce terme pour décrire la brume et le mystère qui baignent plusieurs tableaux de Léonard. L'effet *sfumato* auquel il parvint fut parfaitement bien complété par un autre effet dont il fut un pionnier, *chiaroscuro* : la disposition dramatique des points forts et des ombres. Vasari décrit le résultat : « Dans l'art de la peinture, il ajouta au coloris à l'huile un certain clair-obscur au moyen duquel les peintres modernes ont donné beaucoup de force et de relief à leurs figures [12]. »

Cependant, ces effets n'étaient pas simplement le fait d'une grande maîtrise technique et d'une grande ingéniosité ; ils sont aussi des éléments intrinsèques du sens et du pouvoir émotionnel de ses œuvres. Dans son *Saint Jean-Baptiste*, Léonard dépasse l'observation scientifique de la nature et atteint un royaume qu'il appelle *termine* (limite) ou *essere di nulla* (être le vide). Léonard se demande : « Quelle est la limite entre l'eau d'un fleuve et celle de l'océan ? De quelle nature est le point de rencontre entre une vague et l'air ? Où la lumière lunaire finit-elle par se dissiper ? Comment se fait-il que le ciel rencontre la terre ? » Ces

---

12. *Vie des peintres*, Giorgio Vasari, Les Belles Lettres, Paris, 1999, page 119.

questions prennent vie dans sa représentation de Saint Jean-Baptiste, le patron de Florence, l'homme simple qui prêchait la venue du Messie dans le désert de Judée («Repentez-vous, car le Royaume des Cieux est tout proche[13]»; «Moi, je vous baptise d'eau; mais il vient, celui qui est plus puissant que moi[14]».) On apprécie davantage ce tableau quand on comprend que Léonard utilise toutes ses ressources pour nous pousser au-delà des limites du connu et du connaissable.

Comme le dit Kenneth Clark: «Saint Jean-Baptiste était le précurseur de la Vérité et de la lumière. Or, qu'est-ce qui précède inévitablement la vérité? Une question. Le *Saint Jean* de Léonard est l'éternel point d'interrogation, l'énigme de la Création.»

Si une question précède inévitablement la vérité, quel est l'inévitable précurseur de la lumière?

L'ombre.

Le personnage peint par Léonard émerge de l'ombre dans la lumière, tout comme Jean a émergé du désert dans la connaissance de «la parole du Seigneur», et son geste remarquable semble pointer vers la rédemption. Mais le saint Jean de Léonard nous provoque aussi par sa sensualité. Léonard nous met au défi de réconcilier la piété du geste céleste avec la peau d'animal en spirale sur le corps nu.

Le visage du saint Jean de Léonard ressemble à la fois au saint Jean de *La Cène* et à sa *Sainte Anne*, mais avec un sourire dont l'ambiguïté rivalise avec celui de *Mona Lisa* et un étrange et dérangeant regard — peut-être celui d'un homme qui a entrevu son salut et la réalité plus imminente de sa décapitation. Plusieurs critiques ont décrit cette posture souriante et spiralée et le rapport étonnant entre la lumière et l'ombre comme la quintessence du mystère éternel.

Les questionnements incessants de Léonard, sa volonté de penser par lui-même et sa compréhension de plus en plus profonde du monde l'ont conduit à plusieurs grandes intuitions et découvertes, mais — comme le suggère son troublant saint Jean — cela l'a aussi forcé à affronter l'énigmatique royaume des ténèbres. Voilà un homme qui prit soin tendrement d'un vieillard mourant, le réconforta jusqu'à son der-

13. Matthieu, 3,2.
14. Luc, 3,16.

nier soupir et le disséqua dès que le pouls se fût arrêté. Sa curiosité de la mort était aussi grande que son appétit de la vie.

Léonard a écrit six livres sur le rapport entre l'ombre et la lumière. Il a découvert et décrit en détail la nature de l'épiphénomène de l'ombre, que *Le Petit Robert* définit ainsi : « Zone sombre créée par un corps opaque qui intercepte les rayons d'une source lumineuse. » Mais, comme nous le voyons dans le portrait de saint Jean, l'exploration de l'ombre par Léonard n'était pas un simple exercice technique : elle l'entraînait du côté obscur de la nature humaine.

> « CE DONT NOUS NE SOMMES PAS CONSCIENTS APPARAÎT DANS NOS VIES SOUS FORME DE DESTIN. »
> C. G. JUNG

Le psychiatre suisse Carl Jung décrivait le côté obscur de l'être comme « l'ombre » et soulignait qu'en le réprimant, qu'en l'ignorant ou qu'en ne faisant pas l'effort de le comprendre, nous en augmentions le pouvoir : « Tout le monde porte une ombre ; moins elle est incarnée dans la vie consciente d'un individu, plus elle est dense. Elle forme un obstacle inconscient qui contrecarre ses meilleures intentions. »

Les nombreuses études du Déluge de Léonard, les contrastes extraordinaires dans son *Saint Jean* et la fréquente juxtaposition de laideur et de beauté à travers son œuvre (où des images de batailles et d'horribles machines de guerre côtoient sur la même page de belles fleurs et de cristallins ruisseaux) témoignent de sa croyance en une réalité multiple et presque trop complexe pour l'entendement. Comme le disait Jung : « La vie consiste en une série d'opposés inexorables : le jour et la nuit, la naissance et la mort, le bonheur et la misère, le bien et le mal. Nous ne sommes même pas sûrs que le bien prévaudra contre le mal ni que la joie l'emportera sur la douleur. »

CONTRAPOSTO

En plus de son usage inédit des techniques du *sfumato* et du *chiaroscuro*, Léonard a aussi préconisé le *contraposto* pour insuffler à ses sujets plus de tension dynamique. Il décrit ainsi cette technique: «Ne jamais faire pivoter la tête du même côté que le torse, ni le bras du même côté que la jambe. Si le visage regarde vers l'épaule droite, les parties gauches du corps doivent être plus basses que les parties droites. Quand on tourne le corps avec la poitrine en avant, il faut peindre le côté droit plus haut que le côté gauche si la tête est tournée à gauche.»

Chez Léonard, la tension des opposés sur le plan spirituel devint de plus en plus évidente avec l'âge. L'optimisme de sa jeunesse se teinta progressivement de doutes, voire de désespoir.

Les contorsions et les courbes caractéristiques de ses torses semblent traduire ses tourments. Il écrivit souvent dans les marges de ses carnets: «Ai-je vraiment accompli quelque chose?» Il fut témoin de la guerre, de la destruction, de la mort, de la brutalité, de l'hypocrisie et de la trahison, et cela le toucha; il servit à la cour de sombres personnages, comme Ludovico Sforza et le fameux César Borgia; et il semble avoir éprouvé les troubles de Dante:

À mi-chemin du voyage de la vie
Je me suis retrouvé dans une noire forêt
Pour avoir perdu de vue le chemin de la simplicité...
C'est si amer, la mort l'est à peine plus.

Léonard paraît avoir connu une crise de confiance vers la fin de sa vie. Le jeune génie qui avait écrit que «la connaissance de toutes choses est possible» a découvert que certaines choses sont inconnaissables: «La nature est remplie de causes infinies que l'expérimentation n'a jamais démontrées.» Puis: «Alors que je croyais apprendre à vivre, j'apprenais à mourir.»

Même les génies sont sujets aux doutes et aux ténèbres. Il n'est pas nécessaire de psychanalyser Léonard pour comprendre qu'il avait de la difficulté à affronter la jalousie et l'envie qu'il suscita toute sa vie durant. Les commentaires qu'il a consignés dans ses carnets sont éloquents :

> « L'envie blesse avec ses fausses accusations. »
>
> « Dès sa naissance la vertu engendre l'envie : il est plus facile de séparer un corps de son ombre que la vertu de l'envie. »
>
> « Envie : on dit que le milan, lorsqu'il voit ses petits trop prospères, leur donne des coups de bec et les prive de nourriture. »
>
> « On représente l'Envie faisant un geste obscène vers le ciel car, si elle le pouvait, elle utiliserait ses pouvoirs contre Dieu [...]. Son visage est masqué. Ses yeux sont blessés par la palme et la branche d'olivier, et son oreille, par le laurier et le myrte, car le triomphe et la vérité offensent l'Envie. Des éclairs jaillissent d'elle pour symboliser la malice de son discours. Elle est décharnée et ridée, car le désir ne cesse de la consumer. Un serpent ardent lui ronge le cœur. Elle porte un carquois dont les flèches sont des langues, car ses paroles sont blessantes [...]. Elle tient un vase de fleurs dans lequel sont cachés des scorpions, des crapauds et autres bêtes venimeuses. Elle avance à califourchon sur la mort, sur laquelle elle triomphe, car elle est immortelle [...]. Elle est chargée d'armes de destruction. »

Il y a de la paranoïa dans la charge de Léonard contre l'envie et peut-être un peu d'aveuglement dans ses violentes condamnations du mensonge, de l'ingratitude, de la violence, de la colère et de l'ivrognerie qu'on lit si souvent dans ses carnets. Il lui arrive, dirait-on, de rejeter toute l'humanité : « J'ai bien connu l'homme et il ne me plaît pas du tout. C'est un foyer d'infamie, un parfait monceau d'ingratitudes et de vices. » Mais il s'accusait lui-même de tous ces péchés.

Les luttes de Léonard nous rappellent son humanité et sa faillibilité, et elles accentuent l'élément le plus négligé et peut-être le plus important du voyage spirituel : la nécessité d'affronter le côté obscur de notre nature.

Pourquoi tant de gourous sont-ils corrompus ? Pourquoi tant de prêtres abusent-ils des enfants ? Pourquoi tant de croyants se livrent-ils à la torture et au meurtre au nom de leur dieu ? Portons-nous les mêmes pulsions obscures au tréfonds de notre âme ?

L'ombre est dangereuse quand elle œuvre dans l'inconscient. Beaucoup de gens qui recherchent le bien et Dieu ignorent ou répriment leurs démons intérieurs. Ces démons nous habitent tous, mais nous répugnons à les reconnaître et à les affronter : ils restent donc enfouis en nous où ils fomentent la discorde, la malveillance, la méchanceté, l'égoïsme.

Jung exprima ainsi ces difficultés :

> « Nourrir l'affamé, pardonner les insultes, aimer son ennemi au nom du Christ, voilà sans aucun doute de grandes qualités. Ce que je fais au moindre de mes frères, je le fais au Christ. Mais si je découvrais que le plus pauvre des mendiants, le plus insolent adversaire et tous mes ennemis sont en moi et que je mendie moi-même ma propre gentillesse — que je suis l'ennemi qui doit être aimé —, que se passerait-il ? »

Comme s'il répondait à Jung, le poète soufi Jalaluddin Rumi écrivit sur nos moi multiples :

> Cet être humain est une auberge.
> Chaque matin un nouvel arrivé.
> Une joie, une dépression, une méchanceté,
> un peu de lucidité momentanée apparaissent
> tels des visiteurs inattendus.
> Accueille-les et divertis-les tous !
> Même si c'est une foule de douleurs
> qui envahit violemment ta demeure
> et la vide de son mobilier,
> traite néanmoins chaque invité avec respect.
> Il te débarrasse peut-être de quelque chose
> et te prépare à un nouveau délice.
> La pensée sombre, la honte, la malice,
> accueille-les tous à ta porte en riant
> et invite-les à entrer.
> Remercie tous ceux qui viennent,
> car chacun a été envoyé
> tel un guide par l'au-delà.

Faire face à notre ombre, inviter la honte et la malice avec gratitude, et assumer la responsabilité de nos pensées sombres et de notre méchanceté nous assure, paradoxalement, un calme et une paix plus authentiques que d'interminables heures de méditation. Tant que nous ne faisons pas face à l'ombre nous la fuyons, et plus nous démentons cet aspect de nous-mêmes, plus puissant et dangereux il est.

La psychothérapeute Connie Zweig est une pionnière dans l'art d'aider les gens à affronter leur ombre. Avec ses collaborateurs, Steve Wolf et Jeremiah Abrams, elle inventa l'expression «travail sur l'ombre» pour décrire cette thérapie dont elle décrit les bienfaits dans *Meeting the Shadow*:

> «La pierre qu'ont rejetée les bâtisseurs est devenue la pierre angulaire.»
>
> PSAUMES, 118,22

- Se connaître soi-même, honnêtement et profondément.
- Désamorcer les émotions négatives qui nous taraudent quotidiennement.
- Se libérer de la culpabilité et de la honte associées à nos sentiments et nos actes négatifs.
- Cesser de projeter sur autrui des sentiments désagréables ou méconnus.
- Améliorer nos relations humaines grâce à un examen de soi et à une communication franche.
- Tirer profit de l'imagination créatrice — les rêves, le dessin, l'écriture, les rites — pour s'approprier le soi qu'on rejetait.

Le chemin du travail sur l'ombre

Selon Zweig et Wolf: «Prendre conscience de l'ombre n'est pas un chemin de tout repos, sûr et nettoyé de tous ses obstacles. Au contraire: pour vivre dans la conscience de l'ombre, nous faisons des détours et cheminons dans les débris, trouvant notre route à tâtons dans de sombres passages et par-delà les impasses.» L'ombre n'est pas un problème à résoudre ni une maladie à soigner, mais bien plutôt un mystère à explorer.

Ils expliquent que le travail sur l'ombre exige que nous:

- prenions nos responsabilités;
- cessions de blâmer les autres;
- avancions lentement;
- approfondissions la conscience;
- abandonnions nos idéaux de perfection;
- accueillions le paradoxe;
- ouvrions notre cœur.

Selon Connie Zweig: «La lutte de Léonard contre l'ombre est évidente dans sa vie et dans son œuvre. Je suis frappée par l'observation de Vasari selon laquelle la technique d'ombres de Léonard a plus tard permis aux artistes d'attribuer à leurs personnages une puissante énergie et un grand allègement. Un rapport créatif avec le côté obscur de notre personnalité peut aussi nous permettre de jouir d'une puissante énergie et d'un grand allègement.»

> «Tant la lumière que l'ombre sont la danse de l'amour.»
> Jalaluddin Rumi

Léonard de Vinci a trouvé son chemin malgré de multiples impasses. Il a volontairement marché vers l'inconnu et a persévéré dans sa quête de la vérité, faisant fi des ténèbres. Ainsi, il a découvert un extraordinaire outil de transformation dans son conflit avec l'ombre. Même s'il se sentait parfois seul et blessé, il nous a montré que nos jours les plus noirs peuvent annoncer une lumière nouvelle.

Tout comme le souriant saint Jean qui émerge des ténèbres dans la vérité et la lumière, nous pouvons nous illuminer au contact des mystères de l'ombre. Jorge Luis Borges exprime de manière tout à fait exquise cet aspect spirituel du travail sur l'ombre :

> «Je suis revenu des infatigables labyrinthes du rêve comme si je rentrais chez moi, à la dure prison. J'ai béni son humidité, j'ai béni son tigre, j'ai béni la fissure de lumière. J'ai béni mon vieux corps souffrant. J'ai béni la noirceur et la pierre. Alors, il s'est produit ce que je ne peux ni oublier ni communiquer. Il s'est produit l'union avec la divinité, avec l'univers.»

faire face à l'ombre : évaluation personnelle

- Je suis conscient de ma colère.
- Je suis conscient de mon avidité.
- Je suis conscient de mon envie et de ma jalousie.
- Je suis conscient de mes angoisses et de mes peurs.
- Mes paroles et mes actes expriment parfois la méchanceté et le mépris.
- Mes paroles et mes actes expriment parfois la convoitise.
- Mes paroles et mes actes expriment parfois l'envie et la jalousie.
- Mes paroles et mes actes expriment parfois l'angoisse et la peur.
- Je reconnais le mal, la douleur et la souffrance dans le monde.
- Je suis conscient que mes critiques, mes jugements et ma colère à l'égard des autres reflètent ma propre faiblesse.

Faire face à l'ombre : exercices spirituels

> Tous les dragons de notre vie sont peut-être des princes qui attendent de nous voir beaux et braves. Peut-être y a-t-il, dans le secret des choses terribles, une impuissance qui réclame notre aide.
>
> RAINER MARIA RILKE

MOI ET MON OMBRE : INVITER LA CONSCIENCE

« Êtes-vous conscient de vos manifestations d'hostilité envers ce jury ? » Telle est la question posée au personnage incarné par Robert de Niro par le directeur de l'hôpital psychiatrique où il est enfermé, dans le film *L'Éveil*. De Niro réplique : « Si elles sont inconscientes, comment puis-je en être conscient ? »

Par définition, l'ombre est inconsciente. Avant de pouvoir canaliser sa force pour en tirer une énergie créatrice, nous devons apprendre à en reconnaître les manifestations. Méditez sur les indices qui suivent et consignez dans votre carnet des exemples tirés de votre expérience personnelle. Vous pouvez reconnaître l'ombre dans :

- Les critiques excessives des autres ; les jugements injustes et dédaigneux.
- Les sentiments insidieux de supériorité : envie, avidité, moralisation.
- Vos réactions défensives devant les critiques légitimes d'autrui.
- Les déclarations et les actes impulsifs, « non intentionnels ».
- Vos réactions incorrigibles qui vous causent honte et humiliation.
- Les comportements agressifs refoulés.

RÉPERTORIER VOS OMBRES

Léonard a dessiné des plans étonnamment exacts de nombreux villages de l'Italie centrale pour le compte de son ténébreux patron, César Borgia. Il a aussi réalisé des œuvres qui expriment sa compréhension de la lumière et de l'ombre. Kenneth Clark nous fait remarquer : « On dit souvent que Léonard dessinait bien parce qu'il connaissait les choses, mais il est plus exact de dire qu'il connaissait les choses parce qu'il les dessinait bien. »

La connaissance de notre ombre n'exige pas que nous dessinions comme Léonard, mais il reste que nous pouvons en apprendre beaucoup sur nous-même par le dessin.

Prenez de quoi dessiner — stylos, crayons, fusains, pastels, etc. — et respirez bien, en silence, durant quelques minutes. Imaginez ensuite que vous marchez sur un merveilleux chemin dans une forêt de pins, par une journée ensoleillée. Vous ressentez un profond sentiment de sécurité, de fusion avec le monde à mesure que vous avancez. Vous écoutez vos pas et sentez les aiguilles sous vos pieds. Une lumière dorée vous entoure et les rayons solaires filtrent à travers les branches. Des odeurs de pin et de terre vous chatouillent les narines. À chaque pas vous communiez davantage avec la beauté autour de vous et en vous.

Soudain, devant vous, une bifurcation, et sur le chemin apparaît un intrus, peut être une personne réelle de votre vie actuelle ou passée, un personnage historique, un être composé de tout ce que vous détestez, quelqu'un qui salit la beauté qui vous entoure. Prenez le temps de bien détailler les traits de ce gêneur. Notez tout de son apparence, de ses expressions et de son comportement.

Écoutez-le ensuite vous parler ; soyez sensible à ses paroles et à ses intonations. Que dit le monstre ? Comment vous sentez-vous ? En colère ? Dégoûté ? Méprisant ? Effrayé ? Excité ? Qu'est-ce qui vous offense particulièrement ?

Commencez alors à dessiner les images, les formes et les couleurs évoquées par ce personnage de l'ombre. Évitez de juger ou de corriger ce que vous faites. Soyez vrai. Votre dessin peut être abstrait ou figuratif, comme vous voulez. L'important est de laisser le dessin jaillir tout naturellement des sentiments que vous inspire votre personnage ténébreux. N'analysez rien ; dessinez.

Une fois que vous aurez terminé, faites une pause. Il se peut que vous vous sentiez revigoré par ce simple exercice. Il se peut aussi que vous ressentiez davantage d'angoisse. Quoi qu'il en soit, allez faire une promenade ou une quelconque activité physique.

Lorsque vous êtes prêt, retournez à vos dessins. Choisissez celui qui semble le plus puissant et redessinez-le sur une feuille blanche.

Ensuite, écrivez des mots-clés sur la page et dessinez d'autres images secondaires. Évitez de vous analyser ou de vous corriger; contentez-vous de faire des associations d'idées. Après avoir couvert la page d'images et de mots-clés, prenez du recul et examinez votre représentation de l'ombre en vous demandant:

- Quelles parties de moi-même ai-je rejetées?
- Comment puis-je être plus sensible aux messages que mon ombre cache?
- Quel aspect de ce personnage ténébreux puis-je reconnaître en moi?
- Si mon ombre exécutait un dessin, de quoi aurait-il l'air?

L'examen de votre ombre peut vous aider à découvrir des aspects voilés de votre psyché. La représentation de ces éléments ténébreux peut rendre votre ombre moins menaçante.

FRAPPER UN OREILLER

Peintures et dessins peuvent permettre de libérer et de liquider des affects longtemps refoulés dans le subconscient et responsables d'un traumatisme psychique. Mais la personnification physique, par exemple par les arts martiaux, et l'exercice présenté plus bas peuvent aussi être utiles.

Dans le film *Mafia Blues 2 – La Rechute*, Billy Crystal joue le rôle d'un infortuné thérapeute qui doit traiter un mafioso, joué par Robert De Niro, qui souffre de crises de panique suivies d'accès de rage. Le thérapeute explique que lorsqu'il se sent en colère il frappe un oreiller et il suggère à son patient d'en faire autant. Il n'en faut pas plus pour que le mafioso tire des coups de feu dans l'oreiller du divan. Puis le thérapeute demande d'un air gêné: «Tu te sens mieux?» Et le mafioso de répliquer: «Oui, beaucoup mieux.»

Bien qu'elle soit souvent caricaturée et mal comprise, cette méthode de l'oreiller peut être un outil efficace pour évacuer les sentiments de colère, de méchanceté et de rage.

Voici quelques directives pour exécuter cet exercice de manière sécuritaire et efficace:

- Ne prenez pas un pistolet.
- Faites cet exercice en privé.
- Pour éviter de vous blesser, utilisez une vieille raquette de tennis au lieu de vos poings.
- Imaginez que l'objet que vous frappez symbolise votre animosité.
- Gardez les yeux ouverts et ne perdez pas de vue l'objet que vous frappez.
- Respirez librement en exécutant l'exercice. Ne retenez pas votre souffle.
- Hurlez, criez. Sentez-vous libre d'utiliser des jurons.

Vous pouvez parvenir aux mêmes résultats en vous étendant sur le dos sur votre lit et en frappant le matelas de vos poings.

À mesure que vous consumerez la rage et la méchanceté, vous en éprouverez peut-être de la tristesse; laissez-la sourdre. Vous sentirez peut-être aussi l'énergie circuler plus librement en vous.

Ne vous en voulez pas de vos sentiments négatifs ou déplaisants: il est préférable de vous défouler sur votre matelas ou votre oreiller plutôt que sur les autres ou sur vous-même.

Selon le professeur Martin Kemp, ce croquis de Léonard, La Bataille d'Anghiari, *est probablement inspiré du visage du mercenaire milanais Niccolò Piccinino. Léonard a tenté de capter le moment où les forces florentines ont arraché l'étendard des mains de Piccinino. Comme le dit Kemp : « Son visage grimace de rage, ses sourcils sont frappés de profonds sillons, et sa bouche édentée est étirée au maximum. »*
Giorgio Vasari décrit la peinture consécutive à ce croquis comme la quintessence « de la furie, de la haine et de la rage ». Avec le Tres de Mayo *de Goya et le* Guernica *de Picasso,* La Bataille d'Anghiari *est l'une des représentations les plus puissantes de la brutalité, de la terreur et de la violence dans l'histoire de l'art.*
Quoique extrêmes, ces représentations dépeignent des forces obscures tapies en nous. Quiconque peut les rendre avec tant de puissance est nécessairement en contact avec ses démons et ses ombres.

CULTIVER L'ÉQUILIBRE

(ARTE/SCIENZA)

La Joconde *est l'évocation suprême, chez Léonard, de l'équilibre entre les principes masculin et féminin.*

Le mystérieux Féminin ne meurt jamais, bien qu'Il devienne tout l'univers. Sa pureté immaculée n'est jamais perdue. Elle adopte d'innombrables formes, mais Sa véritable nature reste intacte. Le Tao est sans limites, non né, éternel. On ne peut l'atteindre que par le mystérieux Féminin, qui est le visage même de l'Absolu.

LAO-TSEU

En 1999, le Conseil scolaire du comté de Rappahannock, en Virginie, a financé un cours de trois heures sur *Pensez comme Léonard de Vinci*, à l'intention de quatre-vingts enfants doués, âgés de huit à onze ans. Après s'être fait présenter *La Joconde* et demander pourquoi elle souriait, ils se mirent à imiter sa pose et son sourire. Après quelques instants, une fillette dit : « Elle a un secret. » Puis, un garçon laissa échapper : « Elle sait que tout possède son contraire ! » Puis un autre enfant ajouta : « Oui, tout comme les garçons et les filles. »

comment sourire comme mona Lisa

« Fermez le coin droit de la bouche d'un mouvement agile et suave et ouvrez le côté gauche, comme si vous souriez secrètement, non pas de manière artificielle, mais comme si c'était inconscient. Il ne s'agit pas d'une affectation si on le fait avec modération, réserve et grâce, en l'accompagnant d'une innocente coquetterie et de certains mouvements des yeux. »

Conseil à une dame noble dans *Della perfetta bellezza d'una donna* (De la parfaite beauté d'une femme) de Agnolo Firenzuola, 1541

Comme l'ont compris les garçons et les filles doués, Mona Lisa est la grande prêtresse de ce que Jung appelait le *mysterium coniunctionis*, le mariage intérieur des énergies masculine et féminine. Son sourire est l'expression magique de la danse immémoriale du *yin* et du *yang*, la totalité de la nature et de l'expérience humaine.

Dans son célèbre ouvrage, *The Renaissance*, Walter Pater décrit «cette beauté dans laquelle l'âme, avec toutes ses maladies, est passée». Plein d'images de renaissance et de réincarnation, son texte favorise la compréhension spirituelle profonde qui rend cette peinture si formidable :

> «Toutes les pensées et les expériences du monde y ont été gravées et moulées [...] l'animalité de la Grèce, la luxure de Rome, le mysticisme du Moyen Âge [...] le retour du monde païen, les péchés des Borgia. Elle est plus ancienne que les rochers parmi lesquels elle est assise [...] elle mourut plusieurs fois et connut les secrets de la tombe ; elle plongea dans les océans [...] elle trafiqua d'étranges tissus avec les marchands orientaux, et, comme Léda, fut la mère d'Hélène. Comme sainte Anne, elle fut la mère de Marie ; tout cela fut à elle, comme le son des lyres et des flûtes.»

Comment Léonard a-t-il réalisé cet effet miraculeux ? *La Joconde* est issue du mariage entre l'art et la science, *arte/scienza*. Le visage ensorcelant qui semble, comme Vasari l'a fait remarquer, «fait de véritable chair plus que de peinture», les fantastiques montagnes, l'eau vive et les captivants effets atmosphériques sont le fruit d'innombrables heures d'études d'anatomie, de botanique, de climatologie, de généalogie et de perspective mêlées à des intuitions mystérieuses, à l'imagination, aux rêves et à une touche de magie.

Pour réaliser le personnage de Mona Lisa, Léonard n'a pas seulement tablé sur sa technique et sa connaissance de l'anatomie, mais il a aussi puisé dans les ressources de sa *fantasia*. On sent que Léonard a voulu faire de Mona Lisa une réincarnation d'Ève, avec cet arrière-plan dont la tendre et parfaite luminescence fait penser au paradis terrestre — selon Vasari, il s'agirait là d'un dessin humoristique d'Adam et Ève «dans un pré avec un nombre infini de fleurs». Au cœur de l'histoire de la Création et du paradis terrestre se trouve exprimé métaphoriquement le besoin d'équilibrer et d'intégrer les principes masculin (Adam) et féminin (Ève). Nous naissons tous d'une source de pure potentialité, le jardin d'Éden, et les principes masculin et féminin sont pour nous des droits innés. L'équilibre intérieur de ces énergies nous permet de pénétrer dans le jardin. C'est là une vérité ressentie par diverses traditions, dont le yoga, le taoïsme et la psychothérapie — spécialement dans les travaux de Carl Jung.

Les mathématiques et la fantasia : pourquoi le ciel est-il bleu ?

Le génie de Léonard repose sur son équilibre sans égal entre l'art et la science. Il a sollicité le principe masculin dans son analyse détaillée du monde et le principe féminin dans son amour de la nature, dans sa profonde sensibilité pour ses sujets et dans son imagination réjouissante et déliée. Léonard recommandait à ses élèves de s'inspirer de formes abstraites, comme les nuages ou la fumée, pour stimuler leur *fantasia* (c'est son mot pour l'imagination), mais en même temps ils devaient faire preuve d'une rigueur mathématique : « Aucune recherche humaine ne peut être qualifiée de véritable science si elle ne se réclame pas des mathématiques. » L'extrait suivant, tiré des carnets de Léonard, traite d'un sujet qui fascine les enfants : pourquoi le ciel est bleu ? Ce texte témoigne de la puissance d'observation qui lui permit de créer l'arrière-plan atmosphérique de *La Joconde,* ce parfait mariage entre la science et l'art : « Je dis que le bleu aperçu dans l'atmosphère n'est pas la couleur propre de celle-ci ; elle est plutôt causée par la chaude humidité évaporée dans des atomes minuscules et imperceptibles sur lesquels tombent les rayons du soleil, les rendant lumineux par rapport à l'immensité sombre. »

Jung appelait *animus* le principe masculin et *anima* le principe féminin. Selon lui, le processus de l'individuation exigeait le « mariage intérieur » de ces principes psychiques. Pour lui, le travail sur l'ombre était un « travail d'apprenti » sur le chemin de la globalité ; et l'harmonisation des énergies féminines et masculines figurait le « travail de maître ». *La Joconde* est un chef-d'œuvre de la peinture qui semble symboliser ce travail de maître intérieur.

Mon ami Michael Frederick s'est penché sur des méthodes de travail intérieur et a étudié intensivement le yoga avec de grands maîtres comme J. Krishnamurti et T. K. V. Desikachar pendant plus de trente ans.

Il commente ainsi l'exploit de Léonard en matière d'équilibre psychique : « Les voyages de Léonard en Orient ne sont que des légendes, mais néanmoins il avait compris et exprimé l'essence de la philosophie du yoga : l'idéal de l'équilibre entre le masculin et le féminin. »

La science du yoga prétend que le corps humain est l'hôte de soixante-douze mille *nadis*, des canaux subtils à travers lesquels s'écoule le *prana*, l'énergie vitale. Ces canaux se rejoignent dans le *sushumna*, le canal central qui s'étire le long de la colonne vertébrale. Le *sushumna* est accompagné de deux courants complémentaires. Le courant de droite porte l'énergie masculine, active, chaude, sèche, et on l'appelle le *surya nadi* (*surya* : « soleil »). Le courant de gauche porte l'énergie féminine, fraîche et humide, et on l'appelle le *chandra nadi* (*chandra* : « lune »). Comme le dit Joan Borysenko, chercheuse renommée, spécialiste de la conscience et auteur de *The Ways of the Mystic* :

> « On estime que l'équilibre entre ces énergies est primordial pour la santé, le bien-être, la créativité et l'union avec Dieu. Lorsque les énergies masculine et féminine parviennent à l'équilibre, l'énergie latente à la base de la colonne vertébrale, *kundalini*, monte dans le *sushumna*, ouvre les *chakras* et permet l'union de l'individu avec Dieu, ce qui est le sens véritable du yoga. »

Dans l'antique tradition du taoïsme, parvenir au jeu harmonieux entre le *yin* (principe féminin) et le *yang* (principe masculin) est le secret essentiel de l'éveil personnel et de l'harmonie sociale.

Comme l'écrivit Lao-tseu dans le *Tao-tö-king* :

> Toutes choses sont adossées au féminin
> Et font face au masculin.
> Quand masculin et féminin se combinent
> Toutes choses parviennent à l'harmonie.

L'équilibre entre le masculin et le féminin, l'avant et l'arrière, le *yin* et le *yang*, est aussi le fondement des arts chinois de la guérison. Lorie Dechar est acuponctrice et professeur au Tri-State College of Acupuncture à New York. Elle est l'auteur de *Five Spirits : The Alchemical*

Mystery at the Heart of Traditional Chinese Medicine et, je puis en témoigner personnellement, une guérisseuse remarquablement douée.

Tôt dans sa carrière, Dechar a senti une limite à la manière dont on enseignait l'acuponcture : « On attribue généralement la découverte de l'acuponcture à l'un des trois Grands Ancêtres de la culture chinoise, Huang Di, le légendaire Souverain jaune. Mais, selon le mythe, Huang Di était en fait le prince consort de Xi Wang Mu, la Dame-Reine de l'Occident, la Déesse-Terre elle-même. De cette déesse Huang Di obtint le don de la sagesse et le pouvoir de guérison. » Dechar a eu l'intuition qu'à un certain point de leur évolution, la littérature et les méthodes d'enseignement de la médecine chinoise ont été détournées par les puissances patriarcales. « Cette distorsion a mené à la négligence des racines de la tradition : la dévotion au féminin, à la matière, à la Terre, et surtout à l'âme incarnée, réflexion *yin* de l'esprit *yang*. Lao-tseu nous rappelle constamment l'importance cruciale de l'équilibre du *yin* et du *yang*. »

Pour corriger cette anomalie et acquérir une compréhension profonde de son art, Dechar a appris le chinois afin de consulter les anciens textes de médecine et les écrits taoïstes. Elle a découvert que beaucoup des enseignements originaux étaient fondés sur les principes de l'alchimie taoïste, discipline spirituelle et science naturelle, qui affirme l'importance de la sagesse féminine dans la guérison et la transformation spirituelle. Selon l'alchimie taoïste, l'esprit — l'invisible énergie *yang* du Divin — n'attend pas qu'on le découvre après la mort, là-haut, loin dans le ciel, mais le Divin est présent ici et maintenant, il imprègne le monde de la matière dans nos vies, sur terre. L'esprit est invisible, mais on peut le voir par sa manifestation *yin* dans les cycles, les mouvements et les formes du monde naturel.

Les travaux de Dechar ont aussi révélé que beaucoup de grands enseignants et de guérisseurs taoïstes de la Chine ancienne étaient des femmes. Elle a incorporé leurs pratiques dans son travail et a découvert que cela améliorait sa capacité à aider ses patients.

> « La semence de la mère a, dans l'embryon, un pouvoir égal à celui du père. »
>
> Léonard de Vinci

Dechar ajoute : « Léonard était un taoïste. Il nous rappelle, par ses évocations respectueuses et remarquablement justes du monde naturel, à travers le sourire de

Mona Lisa et l'androgynie de nombreux personnages, que le mariage intérieur entre les énergies masculine et féminine peut faire naître à l'infini des mondes spirituels et nous permettre de redécouvrir le paradis terrestre. »

DÉCOUVREZ L'ÉQUILIBRE : ÉVALUATION PERSONNELLE

- Je suis patient, disponible, et j'écoute bien.
- Je suis en contact avec le principe féminin en moi.
- Je suis audacieux et assuré, j'ai de l'initiative.
- Je suis en contact avec le principe masculin en moi.
- Je peux passer facilement de la patience et de la disponibilité à l'action audacieuse, et vice-versa.
- Je sens une harmonie entre les aspects masculin et féminin de mon être.
- J'apprécie la tension des opposés.
- Quel serait le rapport entre mes énergies masculines et féminines (50/50, 60/40, 80/20, etc.) ?

DÉCOUVREZ L'ÉQUILIBRE : EXERCICES SPIRITUELS

> Le Tao est appelé la Grande Mère : vide mais inépuisable il engendre une infinité de mondes. Il est toujours présent en vous. Vous pouvez l'utiliser comme bon vous semble.
>
> LAO-TSEU

PRATIQUE DE LA RESPIRATION SOLAIRE ET LUNAIRE

La respiration yoguique (*pranayama*) est conçue pour équilibrer les deux hémisphères cérébraux et harmoniser le système nerveux. Sur un plan plus subtil, elle doit favoriser l'union des énergies masculine et féminine.

Selon la science yoguique, la narine droite est le conduit de l'énergie solaire, ou masculine (respirer par la narine droite stimule l'hémisphère gauche du cerveau). La narine de gauche est liée à l'aspect lunaire, ou féminin (respirer par la narine gauche stimule l'hémisphère droit du cerveau).

Asseyez-vous confortablement, le dos bien droit, les mains à plat sur les cuisses. Vous pouvez fermer les yeux. Pressez le pouce droit sur l'aile droite du nez de manière à bloquer le passage de l'air. Inspirez par la narine gauche en comptant lentement jusqu'à quatre. Puis, avec les deux derniers doigts de la main droite, fermez aussi la narine gauche et retenez votre souffle en comptant à nouveau jusqu'à quatre. Relâchez le pouce et expirez par la narine droite en comptant jusqu'à huit. Ensuite, inspirez par la narine droite en comptant lentement jusqu'à quatre et refermez la narine droite avec le pouce, de façon à bloquer les deux narines. Comptez jusqu'à quatre en suspendant la respiration. Libérez la narine gauche et expirez lentement par cette narine en comptant jusqu'à huit. Cela complète un cycle du *pranayama* du soleil et de la lune.

Après avoir exécuté sept cycles complets, laissez vos mains reposer sur vos cuisses et appliquez-vous à respirer lentement par les deux narines dans le but de favoriser l'équilibre des énergies masculine et féminine. Suivez votre souffle en vous, jusqu'où les deux narines se rejoignent, ce point où les énergies masculine et féminine se fondent en pure conscience. Concentrez-vous sur ce point pendant que vous respirez doucement.

LA MÉDITATION DES CINQ ESPRITS : L'ÉQUILIBRE DU *YIN* ET DU *YANG*

On peut voir les Cinq Esprits comme la version taoïste du système des *chakras* de l'Inde védique. Comme pour les *chakras,* les esprits constituent des centres de conscience du corps subtil plutôt que des structures physiques. Tant les *chakras* que les Cinq Esprits fonctionnent de manière à équilibrer le *yin* et le *yang* et sont fondés sur la reconnaissance de la divinité inhérente du féminin (terre) et du masculin (ciel). Mais, contrairement aux *chakras,* qu'on visualise comme des roues abstraites d'énergie tourbillonnante, on se représente les Cinq Esprits comme des déités qui nous animent et qui résident en soi, chacune ayant sa nature et sa fonction psychospirituelle. Une compréhension des Cinq Esprits est la clé des mystères de la pratique psychospirituelle taoïste.

Pour faire cette méditation, vous pouvez vous asseoir sur une chaise ou sur un coussin, sur le plancher. L'important est de tenir le dos droit pour que le sommet du crâne et la base du coccyx s'alignent sur un axe vertical parfait.

Commencez la méditation en voyant votre corps comme une montagne : le sommet tend vers le ciel et la base est solidement ancrée dans la terre. Prenez votre temps pour bien visualiser cette montagne. Sentez-en la beauté et la puissance. Portez ensuite votre attention sur le sommet de la tête, le point culminant de la montagne, le domaine du roi du ciel oriental, l'empereur du soleil levant. Une étoile filante vous frôle la tête. Sentez sa lumière vous inonder d'une radieuse pluie d'or liquide. C'est la lumière de l'esprit *shen*, la lumière *yang* du ciel et de la conscience.

Sentez la lumière dorée du *shen* descendre dans votre corps et se concentrer au milieu de votre cœur. Tandis que vous respirez dans l'espace du cœur, visualisez l'esprit *shen* qui prend forme et se colore, comme les brumes et les nuages couronnant une montagne. À mesure que la lumineuse conscience du *yang* se fait plus humide et plus *yin,* nous entrons dans le domaine du *hun*, l'esprit de la vision et de l'imagination.

Suivez la chute de la lumière, qui irradie du plexus solaire. Tandis que vous respirez dans le plexus solaire, sentez le potentiel d'accroissement et le poids de la lumière descendant vers la terre. La lumière prend racine dans votre ventre comme une semence dans la vallée fertile au pied de la montagne. C'est le domaine du *yi*, l'esprit incarné de l'action et de la volonté.

Votre attention descend davantage et plonge sous l'horizon, dans les sombres cavernes sous la montagne, dans les labyrinthes des viscères de la région pelvienne. Fixez votre attention sur un point situé sept ou huit centimètres sous le nombril et éprouvez les puissantes énergies qui y règnent. C'est le domaine du *po*, l'esprit *yin* du corps animal, du souffle et du système nerveux autonome.

Descendez davantage dans les labyrinthes des viscères, profondément sous la montagne, dans la plus profonde caverne, à la base de la colonne vertébrale. Sentez battre les énergies qui vont et viennent au rythme du liquide céphalorachidien. Percevez la noirceur qui vous envahit à mesure que la lumière *yang* de la conscience est avalée dans le noir océan des fluides *yin* de la vie. C'est le domaine du *zhi*, l'esprit de l'inconscient collectif, des archétypes, de la mémoire cellulaire, des codes génétiques, des symboles primitifs et des lumineux filaments du destin qui sont une réflexion *yin* du Tao.

Dans la plus sombre caverne sous la montagne, à la base de la colonne vertébrale, vous accédez au trône vermillon de Xi Wang Mu, Dame-Reine de l'Occident, Déesse-Terre du corps instinctuel divin. Vous avez atteint le centre des mystères de la transformation, la sombre matrice du mystérieux féminin. Respirez et attendez ; ne faites rien. Abandonnez-vous au pouvoir de Xi Wang Mu. Pendant que vous respirez dans le point le plus bas et le plus secret du corps, vous ressentez peu à peu un picotement à la base de la colonne vertébrale. C'est le feu du *yin,* la lumière qui surgit du bas, la source incandescente de l'énergie vitale, la rivière de lumière liquide qui monte du cœur des ténèbres.

Faites monter ce feu par la respiration, en passant par le pelvis et le plexus solaire. Quand ce feu atteint le cœur, le lumineux *yin* de l'esprit *zhi* se mêle au radieux éclat *yang* du *shen*. Tandis que vous respirez dans votre cœur, la lumière vous inonde par le haut et le bas. Les deux lumières se mélangent et vous ressentez de subtils courants de plaisir qui rayonnent du cœur et remplissent votre corps tout entier. La compassion et l'amour vous inondent à mesure que vous respirez ces deux lumières dans votre cœur. Vous faites maintenant l'expérience de l'union sacrée, du mariage entre le *yin* et le *yang*. Laissez la danse de cette union se poursuivre alors que vous ouvrez les yeux ; laissez la lumière des esprits irradier depuis votre cœur vers le monde extérieur.

> « Dans votre amour, l'existence et la non-existence fusionnent. Tous les opposés s'unissent. Tout ce qui est profane redevient sacré. »
>
> Jalaluddin Rumi

MARCHER DANS UN LABYRINTHE

Léonard de Vinci adorait les formes spiralées et les labyrinthes, comme celles qu'il a peintes dans la *Sala delle Asse* du château Sforza à Milan. Avancer dans un labyrinthe est une manière simple et délicieuse de vous recentrer sur vous-même en équilibrant les énergies masculine et féminine. Le labyrinthe est un chemin tortueux unique, avec une entrée et un accès à un sanctuaire central. Ce n'est pas un dédale : il n'y a pas d'embranchements incertains ni de cul-de-sac. Le chemin s'enroule sur lui-même, mais on le suit facilement. Autrement dit, vous n'avez jamais raison ou tort : vous avancez, tout simplement.

Les labyrinthes sont communs à de nombreuses cultures et traditions qui remontent à plus de quatre mille ans. L'exemple le plus fameux est peut-être celui de la cathédrale de Chartres, en France. Incrusté dans le plancher de pierre en 1201, le labyrinthe de Chartres n'a plus été utilisé durant plus de deux siècles, jusqu'à ce que la révérende Lauren Artress, chanoinesse désignée pour un ministère spécial à la cathédrale Grace de San Francisco, ait dirigé les travaux en vue de rouvrir le labyrinthe au public pour qu'il retrouve sa fonction de lieu de méditation et de prière.

Artress a créé une réplique du labyrinthe de Chartres à la cathédrale Grace, et par l'entremise du mouvement qu'elle a fondé, Veriditas, elle s'est vouée à la renaissance de cette célébration — sans discrimination religieuse — de la paix intérieure et de l'équilibre.

On voit maintenant apparaître des labyrinthes dans des parcs, des cimetières, des prisons, des écoles, des universités, des hôpitaux, des maisons de retraite et des jardins. S'il y en a un près de chez vous, rendez-vous-y et offrez votre marche à une cause, par exemple à l'équilibre, à la guérison ou à l'inspiration, ou vous pouvez la transformer en une prière de gratitude. La marche dans un labyrinthe se déroule en trois étapes : l'entrée, le centrage, et l'intégration. En y entrant, vous monopolisez votre esprit et votre cœur. Une fois au centre du labyrinthe, vous touchez le cœur de votre être et vous écoutez profondément la sagesse intérieure. Puis, quand vous êtes prêt, vous en sortez et vous vous préparez à intégrer ce que vous avez reçu.

Vous pouvez aussi déambuler dans le labyrinthe sans intentions particulières, comme je l'ai fait la première fois, au *Rancho La Puerta* de Tecate, au Mexique, quand je me suis attelé à ce livre. Une fois au centre du labyrinthe, je me suis mis à tournoyer spontanément, comme les derviches que j'avais vus vingt-cinq ans auparavant. J'ai senti l'énergie de la lumière du haut s'écouler dans mon cœur et descendre par mes pieds, ce qui me reliait profondément à la terre. Au sortir du labyrinthe j'ai ressenti un profond sentiment de gratitude en comprenant qu'on venait de me donner exactement ce dont j'avais besoin pour achever ma tâche. Quoi qu'il en soit, trouvez votre propre rythme naturel et écoutez votre cœur à chaque pas.

Comment expliquer les effets bénéfiques de cet exercice simple ? Plusieurs adeptes des labyrinthes croient que cela est une métaphore du voyage spirituel de notre vie. Artress affirme : « Marcher dans un labyrinthe oblige à tourner doucement à gauche, à droite, à gauche, à droite, et cela nous procure un sentiment de paix, presque comme si on était bercé. »

On peut trouver plus de mille huit cents labyrinthes à « wwll.veriditas.labyrinthsociety.org ».

La sagesse universelle du tao

Le *yang*, principe masculin, se manifeste dans la planification et l'action. C'est ce qui nous fait établir des objectifs, accomplir des choses. Sa forme est triangulaire.

Le *yin*, principe féminin, est simplement l'être. L'énergie *yin* nourrit l'écoute et la disponibilité et elle permet d'atteindre nos buts. La source féminine de la spacieuse tranquillité est le lieu d'où toutes choses surgissent. Sa forme est circulaire.

L'action surgit de la non-action ; la pensée, de la non-pensée ; l'accomplissement, de l'être ; tout, de rien. Le triangle entre dans le cercle, l'éternelle spirale jaillit, Mona Lisa sourit.

En écrivant ces lignes, je vois la brume sur le fleuve Hudson. Je sens sur mes jambes les douces ondulations que j'observe à la surface de l'eau. Le *yang* inspire pour moi et le *yin* relâche mon souffle.

Le Tao est évident dans la nature, sur la rivière, dans les bois, au sommet des montagnes. Mais comment nous le rappelons-nous au bureau ou dans la circulation ? Imitez le sourire de Mona Lisa. Soyez conscient du mouvement de votre souffle. Invoquez les paroles immortelles de Frank Zappa : « Dans le combat entre vous et l'univers, encouragez l'univers. »

FORMEZ UN GROUPE DE LECTURE *YIN/YANG*

Durant les années 1980, des groupes d'hommes se sont formés, plusieurs inspirés par *Iron John* de Robert Bly, pour affirmer les valeurs masculines et aider les hommes à mieux se sentir face aux attentes radicalement différentes des femmes. Certains groupes existent encore, mais le phénomène a faibli. Entre-temps, des femmes se sont rencontrées pour se soutenir mutuellement, selon des formules variées, la plus courante étant le groupe de lecture.

Mes amies qui participent à ces groupes choisissent habituellement des livres qui sont l'équivalent littéraire des « films de filles ». En tant qu'auteur, je regarde toujours ce que lisent les gens. Je n'ai jamais vu un homme lire *Divine Secrets of the Ya-Ya Sisterhood*, ni aucun une femme se plonger dans un roman de Tom Clancy.

Afin de favoriser une meilleure compréhension et un meilleur équilibre entre les énergies masculine et féminine, on pourrait former un club de lecture où les sélections alterneraient entre les préférences des deux sexes. Voici quelques suggestions à titre incitatif.

LECTURES *YIN*

Goddesses in Every Woman, de Jean Shinoda Bolen.
Une chambre à soi, de Virginia Woolf.
Wild Mind, de Natalie Goldberg.
L'Arbre aux haricots, de Barbara Kingsolver.

LECTURES *YANG*

King, Warrior, Magician, Lover: Rediscovering the Archetypes of the Mature Masculine, de Robert Moore.

The Way of the Superior Man: A Spiritual Guide to Mastering the Challenges of Women, Work, and Sexual Desire, de David Deida.

L'Odyssée, d'Homère.

Des souris et des hommes, de John Steinbeck.

UNE RÉFLEXION PERSONNELLE SUR LE TAO

À l'âge de trente-cinq ans, je me suis fixé des buts ambitieux à atteindre avant quarante ans. Je les ai tous atteints. À quarante ans, j'ai élaboré un autre plan quinquennal et à nouveau tout s'est réalisé comme je l'avais envisagé. Alors, à quarante-cinq ans, j'ai fixé des objectifs précis pour mes cinquante ans... et aucun ne s'est réalisé. Au début, j'étais contrarié, même déprimé, d'autant plus que je m'enorgueillissais d'aider des gens et des organisations à définir, planifier et réaliser leurs objectifs. Je me suis alors demandé: «Quel est le but implicite de chaque but?» La réponse était évidente et, quoique libératrice, humiliante: l'objectif sous-jacent était de sentir l'unité de ma personne et de vivre une joie et un amour plus profonds.

La question suivante allait de soi: «Est-il possible de sentir l'unité de sa personne et de vivre une joie et un amour plus profonds sans réaliser ses objectifs?» Je me suis rendu compte que c'était possible. Ironiquement, mon obsession de la réalisation de mes objectifs a pu obscurcir le véritable but des buts. Alors je me suis abandonné au Tao. Je n'ai pas renoncé à mes objectifs, mais j'ai modifié ma façon de les envisager, en les contemplant à travers la lentille de mon désir initial, qui était de ressentir l'amour et l'unité. Comme quoi on peut actualiser ses désirs à tout moment.

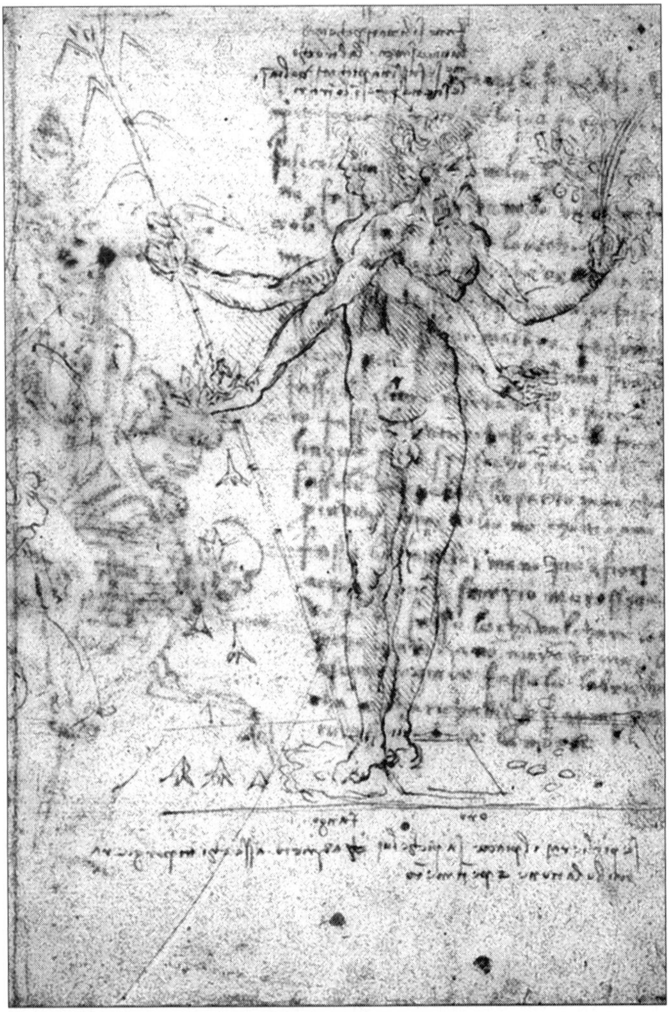

Léonard n'a pas fait que reconnaître les opposés : il a compris la dynamique paradoxale qui les unit. Il écrivit à propos de ses Allégories du plaisir et de la douleur *: « On montre le plaisir et la douleur comme s'ils étaient des jumeaux, on les représente dos à dos, comme s'ils s'opposaient, mais ils surgissent d'un même tronc, car ils ont un seul et même fondement, puisque la fatigue et la douleur sont les fondements du plaisir, et les plaisirs futiles et lascifs les fondements de la douleur. »*

CULTIVER L'INTÉGRATION

(CORPORALITÀ)

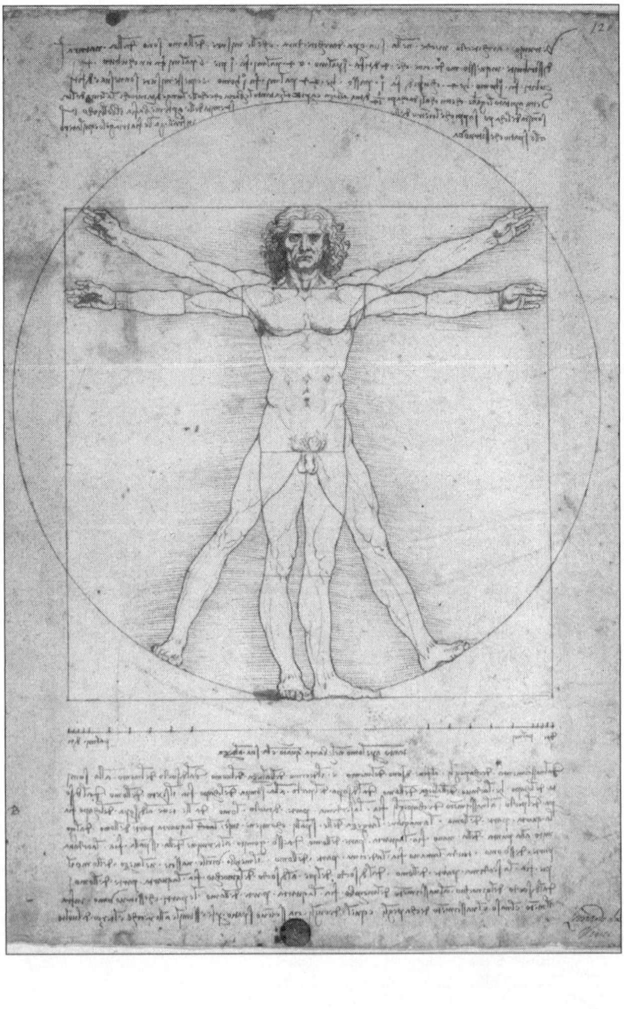

Notes de Léonard relatives à ce dessin: « Vitruve a dit, dans son travail sur l'architecture, que les proportions du corps nous sont imparties par la Nature comme suit: quatre doigts font une paume; quatre paumes font un pied; six paumes font une coudée; quatre coudées font un pas et la hauteur d'un homme; vingt-quatre paumes font un homme. Il a utilisé ces mesures dans ses constructions. »

Tel est le microcosme, tel est le macrocosme. Tel est l'atome, tel est l'univers. Tel est le corps humain, tel est le corps cosmique. Tel est l'esprit humain, tel est l'esprit cosmique.

TEXTE HINDOU

L'Homme vitruvien de Léonard était, au départ, une illustration destinée au livre *De divina proportione* (Les proportions divines) d'un moine franciscain et mathématicien, Fra Luca Pacioli (1445-1517). Vers 1496, plus d'une décennie après l'installation de Léonard à Milan à titre de peintre et d'ingénieur à la cour du duc de Milan, Pacioli vint y enseigner les mathématiques. Léonard, passionné de mathématiques, a pu faciliter son engagement à la cour, car les deux hommes semblent avoir eu des sensibilités semblables, du moins selon le livre de Pacioli.

Pacioli ouvre la discussion sur la «divine proportion» ou le «nombre d'or» avec un commentaire sur les rapports entre les parties du corps humain, faisant observer que, chez l'homme, «on peut trouver toutes sortes de proportions produites sur l'ordre de Dieu à travers les mystères de la nature». De telles remarques expliquent pourquoi Léonard a trouvé en Pacioli un esprit *in simpatia* avec le sien. Pour les deux hommes les proportions harmonieuses du corps humain étaient l'un des nombreux «mystères intérieurs de la nature» qui renvoyaient à la perfection du Créateur.

On ne se souvient guère du livre de Pacioli, mais on se rappelle la fameuse illustration de Léonard. Tout comme *La Joconde* est devenue le symbole universel de l'équilibre entre les énergies masculine et féminine, *L'Homme vitruvien* figure celui du potentiel humain et de l'unification de l'esprit et du corps. Cette image orne une multitude de livres sur le développement personnel, les prospectus des clubs de santé et des stations thermales, les brochures des établissements hospitaliers, de nombreux documents de produits de santé, etc.

L'Homme vitruvien doit son nom à l'architecte romain Vitruve (Marcus Vitruvius Pollio, vers 50 av. J.-C.), qui est à la source de plusieurs des idées de Pacioli. Vitruve, parfois connu sous le nom du «premier architecte», a analysé les proportions du corps humain du point de vue de l'architecture:

> «Dans le corps humain, le point central est naturellement le nombril. Si nous plaçons un homme à plat sur le dos, bras et jambes étendus, avec un compas centré sur le nombril, les doigts de ses mains et de ses pieds toucheront la circonférence du cercle tracé par ce compas. Et, si nous mesurons la distance entre la plante des pieds et le dessus de la tête, puis l'envergure des bras, nous découvrons que la largeur et la hauteur sont identiques, comme pour les surfaces planes parfaitement carrées.»

L'intérêt de Léonard pour les divines proportions s'observe dans ses dessins et ses peintures d'êtres humains, dans ses études architecturales et en urbanisme. Mais sa passion de l'anatomie dépassait de beaucoup les considérations techniques sur les proportions entre les parties du corps ou son utilité en tant que modèle. Dans ses études anatomiques, Léonard a cherché à comprendre les secrets les plus intimes du corps, au cœur même de la création. Au cours de ce processus, il a acquis une nouvelle compréhension de la médecine et de la guérison, qui annonce l'approche holistique de nombreux thérapeutes modernes. «La médecine est la restauration d'éléments discordants infusée dans le corps humain», écrivit-il. Il croyait qu'une intégration harmonieuse des éléments du corps et de l'âme était essentielle au maintien d'une bonne santé.

Dans ses études anatomiques, tout comme dans tout ce qu'il a fait, Léonard s'efforçait d'acquérir la connaissance la plus parfaite possible. Dans la préface de ses carnets d'anatomie, il écrivit: «Je parlerai des fonctions de chaque partie dans chaque direction; je ferai une description de la forme complète et de la substance de l'homme.» Il décrivit ensuite ses travaux d'anatomie comme une *cosmografia del minor mondo*, une cosmographie du microcosme: «Les anciens appelaient l'homme le microcosme et le terme était bien choisi.» La notion selon laquelle l'humanité forme un microcosme du vaste monde est une intuition fondamentale partagée par toutes les grandes traditions spirituelles: le bas reflète le haut.

L'universalité de cette vérité la rend aussi pertinente aujourd'hui que pour les Anciens et que pour Léonard. De plus, cette idée et ses implications pour la santé et la guérison inspirent les praticiens des médecines alternatives. Le Dr Dale Schusterman, chiropraticien, décrit sa philosophie dans un langage semblable à celui de Léonard: «Le corps humain et le système énergétique qui l'entoure sont une miniature d'un système plus vaste et universel.»

Selon Schusterman, la véritable santé ne découle pas seulement d'un bon équilibre des systèmes du corps, mais aussi de l'harmonie entre le corps physique et les énergies subtiles. Il a donc complété sa formation initiale (en alignement de la colonne vertébrale et en kinésithérapie) avec des connaissances des grandes traditions de sagesse du monde, dont le mysticisme juif: la Kabbale.

> «La Kabbale repose sur l'idée que l'humain est créé à l'image d'un Être cosmique ou divin plus grand. Nous devrions donc être en mesure, comme Léonard le fit, de percevoir la conception divine dans notre forme humaine. Notre forme est l'écho d'un schéma supérieur et nos qualités innées sont celles du divin, tout comme une goutte d'eau possède les propriétés de l'océan. [...] Les images kabbalistiques se réfèrent souvent au corps. Il y a là plus que de l'anthropomorphisme: il y a une analogie de structures entre Dieu et l'humain.»

Comme l'a dit Léonard: «Notre corps est un sujet du Ciel.» Ajit Mookerjee, auteur de *Kundalini: The Arousal of the Inner Energy*, abonde dans le sens de Léonard et de Schusterman, mais du point de vue de l'hindouisme:

> «Les forces régissant le cosmos au niveau macroscopique gouvernent l'individu au niveau microscopique. La vie est une, et toutes ses formes sont liées dans un tout extrêmement complexe mais irréductible. L'unité sous-jacente est un pont entre le microcosme et le macrocosme.»

NOTRE CORPS EST UN SUJET DU CIEL

« Ne savez-vous pas que vous êtes un temple de Dieu, et que l'Esprit de Dieu habite en vous ? »
1 Corinthiens 3,16

« Ici, dans ce corps qui est le tien, tu ne perçois pas le Vrai, mais en fait il y est. Dans ce qui est son essence subtile, tout ce qui existe a son soi. Voilà le vrai, c'est le Soi. »
Chandogya Upanishad

« Le corps est comme un vêtement pour l'âme. »
Gemara Shabbat

« Le Christ n'a plus de corps sur terre maintenant sauf le tien, plus de mains sauf les tiennes, plus de pieds sauf les tiens. Tes yeux sont ceux à travers lesquels la compassion du Christ doit regarder le monde. Tes pieds sont ceux avec lesquels il doit aller faire le bien. Tes mains sont celles avec lesquelles il doit maintenant bénir les hommes. »
Thérèse d'Avila

« Je suis le feu vivant dans le corps des êtres vivants. »
Bhagavad-gita

La compréhension qu'avait Léonard de la relation entre le microcosme et le macrocosme, entre le corps et le cosmos, a commencé avec sa connaissance de l'union du corps et de l'âme. Il savait que nos attitudes et notre physiologie sont interdépendantes et qu'il faut favoriser leur intégration. Plusieurs ont suggéré que les intuitions étonnantes de Léonard sur le corps humain découlaient de sa manière de vivre : chez lui, l'être intérieur était en harmonie avec l'être extérieur, ce qui favorisait la grâce physique et les exploits athlétiques, très admirés en ce temps-là. Deepak Chopra le décrit comme « la fusion apparemment parfaite entre le mental, le corps, l'esprit et l'âme ».

En avance sur la discipline moderne de la psychoneuroimmunologie, qui reconnaît que notre pensée se reflète dans la vigueur de nos réponses immunitaires, Léonard écrivit: «Celui qui veut rester en bonne santé devrait éviter les émotions graves et garder l'esprit joyeux.» Lui-même reconnu pour son tempérament égal et son optimisme, même quand la vie était difficile, il était méticuleux dans son alimentation, l'exercice et le repos: «Apprenez à préserver votre propre santé.» Certes la génétique et l'environnement nous influencent, mais nos bonnes habitudes peuvent nous aider, par exemple un régime alimentaire adéquat et l'exercice physique.

Léonard a beaucoup critiqué la médecine de son temps, en partie fondée sur des superstitions. Il mettait les gens en garde contre les médicaments prescrits par les médecins, qu'il décrivait comme les produits d'une «alchimie» non scientifique. Il aurait admiré les chercheurs d'aujourd'hui et la médecine moderne, mais il aurait certainement mis en question notre tendance à considérer le patient comme un assemblage de systèmes plutôt que comme un tout.

Contesté par certains praticiens, la philosophie de la médecine est encore mécaniste. Les médecins traitent le corps comme une machine dont les parties sont indépendantes les unes des autres et l'apanage de divers spécialistes. Dans sa quête d'objectivité, la médecine fait de nous des objets, des corps détachés du mental, des émotions et de l'environnement. Un spécialiste a beau tout savoir sur les oreilles, le nez ou la gorge, et beaucoup de choses sur le reste du corps, il ignore à peu près tout de la vie du patient, de son état psychique général et même des conclusions d'un autre spécialiste qui a pu s'exprimer sur un autre problème apparemment distinct.

Léonard avait une vision plus holistique de la santé: «Il faut que les médecins, qui sont les gardiens des malades, comprennent ce qu'est l'homme, ce qu'est la vie et ce qu'est la santé, et comment s'harmonisent ces éléments.» Voilà le genre d'intuition qu'on tend à oublier à notre époque de spécialisation. Léonard, quant à lui, a toujours adopté la même approche dans toutes ses études du monde naturel: il cherchait sans cesse à établir des liens et à comprendre les relations entre les parties du tout.

De nos jours, certains praticiens étudient les systèmes de guérison traditionnels pour acquérir une compréhension approfondie des origines de la maladie. Le Dr Rudolph Ballentine analyse les forces et les faiblesses relatives des diverses traditions intellectuelles. Il étudie la médecine occidentale, l'ayurveda de l'Inde, la médecine chinoise traditionnelle, l'homéopathie, la flore médicinale des Européens et des Amérindiennes, la nutrition et le travail psychothérapeutique du corps. Ballentine cherche ainsi à réunir les meilleures pratiques de ces diverses traditions: «En les intégrant les unes aux autres, en additionnant leurs techniques et leurs mérites, nous pouvons élaborer un système beaucoup plus puissant et complet que chaque médecine prise isolément.»

La bien nommée Mona Lisa Schulz est un autre personnage important de la renaissance contemporaine de la pensée médicale de Léonard. Neuropsychiatre et auteur du *Réveil de l'intuition*, Schulz actualise le conseil de Léonard suivant lequel «nous devons apprendre à préserver notre propre santé». «Si vos émotions sont déséquilibrées, écrit-elle, il y aura un déséquilibre biochimique proportionnel dans votre corps et cela favorisera la maladie. Inversement, si vous négligez votre santé physique, votre humeur en sera affectée dans la même proportion.»

Marco De Vries, médecin et auteur de *The Redemption of the Intangible in Medicine*, est un des meneurs de l'intégration des approches spirituelle et scientifique de la santé. En 1980, le Dr De Vries a mené une expérience originale avec des patients référés par des médecins généralistes parce qu'ils réagissaient mal aux traitements. Le Dr De Vries les fit participer à six discussions d'une demi-heure où il fut question de sujets fondamentaux comme:

- Pourquoi voulez-vous vraiment vivre?
- Que devez-vous faire pour être bien?
- Comment pourriez-vous faire ce que vous devriez faire pour être bien?
- Que vous dit votre sagesse intérieure sur votre condition?

Le but de cette expérience était d'aider les patients à «examiner leur condition physique et leur situation par rapport au sens dans la vie». Résultat:

> «Tous les patients ont fait du progrès en modifiant leur attitude face à eux-mêmes et à leur maladie, et à la fin des six seances leur état physique s'était amélioré: en général, les maladies se sont atténuées et, dans un cas, elle a disparu. Une patiente de vingt-huit a vu sa vie changer radicalement: elle a cessé de prendre des tranquillisants, après quatorze ans de consommation de fortes doses, et pour la première fois depuis des années elle a retrouvé un sentiment d'identité et un sens à sa vie.»

La vision totalisante de Léonard nous aide à créer une nouvelle médecine fondée sur l'intégration harmonieuse des diverses traditions du monde et sur les précieux apports de toutes les sciences, y compris la génétique, la chimie, la physique et la psychologie. Mais, par-dessus tout, sa philosophie nous rappelle l'importance de l'esprit humain dans le maintien de la bonne santé et le processus de guérison.

Le mot anglais pour guérison, *healing*, vient de la racine *hal*, qui signifie «le tout» ou «unifier». Léonard a tenté de comprendre «la totalité de la forme et de la substance de l'homme» et «ce que sont la vie et la santé». Rappelez-vous que votre attitude face à la maladie et à la guérison est la clé de votre qualité de vie. Si vous unifiez le corps, les émotions, le mental et l'esprit, vous découvrirez le sens profond de l'unité et de la proportion divine.

cultiver l'intégration: évaluation personnelle

- Je vois mon corps comme un objet mécanique.
- Je vois mon corps comme un système d'énergie.
- Je sais que mon attitude affecte mes états physiques.
- Je sais que mes états physiques affectent mon attitude.
- Je ressens la circulation des énergies dans mon corps.
- Je sens une harmonie entre l'énergie de mon corps et l'énergie du monde environnant.
- Je sens que mon corps est le temple de l'esprit.
- Je suis sensible à l'aspect sacré de la sexualité.

CULTIVER L'INTÉGRATION : EXERCICES SPIRITUELS

Votre affection vient de vous, mais vous ne la sentez pas.
Votre médicament est en vous, mais vous ne le voyez pas.

HAZRAT ALI, MAÎTRE SOUFI

EXERCICE DE GUÉRISON DE L'HOMME VITRUVIEN DE LÉONARD

L'Homme vitruvien de Léonard, cette représentation de la «cosmographie du microcosme», a inspiré au Dr Dale Schusterman un exercice qu'il emploie pour apprendre à ses patients à unifier le mental, le corps et l'esprit. Cet exercice actualise parfaitement l'idéal de Léonard sur l'harmonie et l'équilibre.

L'exercice en question applique la connaissance de l'«anatomie» du système universel (macrocosme) à l'organisme humain (microcosme). Fondé sur les enseignements de la kabbale, de la cosmologie hindoue et de la science yoguique, cet exercice amène le corps et l'esprit à s'arrimer au monde supérieur. Il en résulte un sentiment accru d'unité et d'intégration.

Schusterman explique: «L'une des raisons pour lesquelles *L'Homme vitruvien* est l'emblème de la guérison holistique est que cette image composée évoque l'énergie dans les quatre dimensions du réel. La contemplation de ce dessin favorise chez tous les sujets un sentiment d'unité accru.»

En fait, le dessin de Léonard reproduit deux positions des bras et deux des jambes. On peut les combiner pour produire quatre postures. Selon Schusterman, ces quatre positions du corps traduisent les états énergétiques des quatre niveaux de l'humanité: physique, astral, causal et spirituel. «Bien que les divers systèmes les nomment différemment, dit-il, ces quatre dimensions sont presque universelles. On les appelle souvent "corps", car on les imagine comme des enveloppes énergétiques du corps physique, les plus éloignées étant les moins denses. Le niveau astral est celui des sens psychiques; nous visitons souvent ce monde dans nos rêves. On fait l'expérience du corps causal dans le sommeil profond; c'est le domaine où nous sommes reliés à ce que Jung appelait l'"inconscient collectif". C'est le domaine des archétypes. Le monde le plus élevé est le spirituel, là où existe le "Je" d'un individu, l'état ultime du témoin. Ce que nous appelons Dieu est au-delà des quatre corps et toute description en est impossible.»

Les quatre domaines sont décrits en détail dans le livre très documenté de Schusterman, *Sign Language of the Soul*. Mais Schusterman admet qu'il n'est pas nécessaire de comprendre le modèle des quatre domaines ni même d'y croire pour bénéficier pleinement de cet exercice.

Comme on l'explique plus bas, vous pouvez commencer à utiliser l'image de *L'Homme vitruvien* pour la guérison et l'intégration en adoptant les quatre postures. Comme les *asanas* du yoga, ces positions servent à placer le corps sur une fréquence énergétique plus harmonieuse. Autrement dit, quand une partie profonde de votre corps reconnaît une vibration de conscience plus élevée, votre système nerveux se met à vibrer à l'unisson. Le fait d'exécuter les étapes dans l'ordre devrait rétablir le synchronisme. Quand vous aurez répété les séquences sept fois, vous accéderez non seulement à l'harmonie physique, mais aussi à l'harmonie spirituelle.

On peut accomplir cet exercice debout ou couché sur le dos. Reportez-vous à l'image du début de ce chapitre pour la position des bras et des jambes. N'oubliez pas de tourner le pied gauche vers l'extérieur et les paumes l'une vers l'autre. Vous tirerez le maximum de cette procédure si vous adoptez une attitude de témoin silencieux et réceptif. Autrement dit, observez-vous en train de faire les postures. Tenez chaque position de trois à cinq secondes.

1. Écartez les jambes, le pied gauche vers l'extérieur et les bras à l'horizontale.
2. Gardez les bras à l'horizontale et ramenez les jambes ensemble (le pied gauche est toujours tourné vers l'extérieur).
3. Tenez les jambes ensemble et levez les bras.
4. Laissez les bras levés et écartez les jambes.

Après cela, il subsistera peut-être un léger déséquilibre en vous, mais vous aurez recentré votre corps. Attardez-vous à ressentir votre nouvel état, puis passez à l'étape suivante:

5. Contemplez *L'Homme vitruvien*. Cela devrait venir à bout de tout déséquilibre résiduel et vous amener à une intégration plus complète du corps, de l'énergie et de l'esprit. Accomplissez ces cinq étapes sept fois.

Certains éprouvent un profond sentiment de soulagement en faisant cet exercice ; d'autres notent simplement une très subtile sensation d'harmonie intérieure. Après avoir appris cet exercice, Taya-Marie Levine, une consultante en organisation et accompagnatrice de gestionnaires de la Virginie, écrivit le mot suivant au Dr Schusterman : « La méthode d'équilibrage par *L'Homme vitruvien* me permet, en quelques secondes, de corriger tout dérangement physique ou interne dont je peux être consciente. Il est indéniable que cette image provoque un changement immédiat sur le plan énergétique, et je peux exécuter cet exercice partout où je me trouve, au bureau, à la maison ou en voyage. Dans ce cas-ci, je suis moi-même la ressource et je ne pourrais en ressentir davantage de gratitude ! »

Vous tirerez parti de cet exercice si vous le faites matin et soir. Il est particulièrement précieux quand vous vous sentez fatigué ou stressé.

Si, pour une raison ou pour une autre, il vous est impossible d'exécuter l'une ou plusieurs des postures, examinez les images des postures individuelles et finissez par la contemplation de *L'Homme vitruvien*. En vous rendant sur le site Web suivant, vous pourrez regarder à loisir une projection des cinq images : « www.SignLanguageoftheSoul.com ».

Le commentaire de Léonard sur *L'Homme vitruvien*

« Si vous écartez les jambes suffisamment pour réduire votre grandeur d'un quatorzième et si vous écartez et levez les bras de sorte que vos majeurs soient au niveau du sommet de la tête, alors votre nombril se trouve au centre d'un cercle dont la circonférence touche l'extrémité des membres écartés. L'espace entre les jambes forme alors un triangle équilatéral. L'envergure des bras étendus d'un homme égale la hauteur de son corps.

«Le peintre manie ces proportions harmonieuses de façon qu'on puisse les voir en même temps, ensemble et séparément : ensemble en regardant la composition générale ; séparément en regardant la conception des parties.»

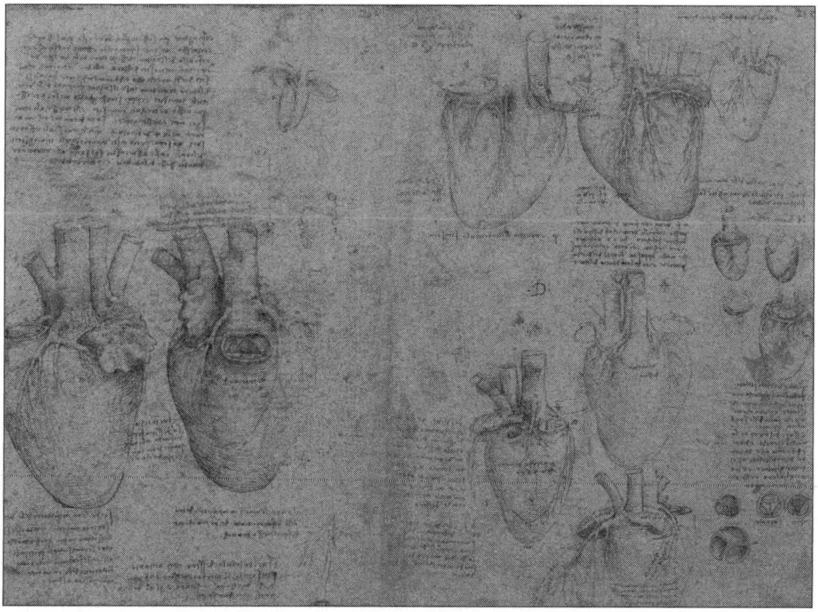

GUÉRISON À PARTIR DE L'EXERCICE DE L'ÉNERGIE DU CŒUR : *AHAVAH/ANANDA*

En hébreu, le mot «amour» se dit *ahavah*. En sanskrit, «béatitude» se dit *ananda*. Parce que l'hébreu et le sanscrit sont des langues anciennes proches de leurs racines spirituelles, le sens de ces mots recouvre l'idée de spiritualité. Le simple fait de les prononcer à voix haute vous élèvera. Il en est de même du dessin du cœur de Léonard : il émet l'énergie de l'amour spirituel.

Essayez ce qui suit : examinez l'image du cœur de Léonard et répétez à voix haute les mots *ahavah* ou *ananda*. Il en résultera une puissante résonance entre ce que vous voyez et la sonorité des mots. Ceux qui sont sensibles aux énergies plus subtiles le sentiront immédiatement.

L'énergie du cœur recèle un puissant secret pour la guérison sur plusieurs plans. Emmet Fox, l'auteur qui inspira Bill Wilson, le fondateur des Alcooliques anonymes, commente le pouvoir de guérison du mot *ahavah*:

> «Il n'existe pas de difficulté que l'amour en quantité suffisante ne saurait vaincre; aucune maladie que l'amour en quantité suffisante ne saurait guérir; aucune porte que l'amour en quantité suffisante ne saurait ouvrir; aucun écart que l'amour en quantité suffisante ne saurait combler; aucun mur que l'amour en quantité suffisante ne saurait renverser; aucun péché que l'amour en quantité suffisante ne saurait racheter...
>
> «Peu importe l'importance du trouble, la noirceur du pronostic, la confusion de l'embrouille, la gravité de l'erreur. L'amour dissout tout cela. Si seulement vous pouviez aimer assez, vous seriez l'être le plus heureux et le plus puissant du monde.»

L'énergie du cœur

Le champ électromagnétique du cœur est le plus puissant du corps. Selon Doc Childre, auteur de *The HeartMath Solution,* ce champ «est environ cinq mille fois plus puissant que le champ produit par le cerveau. Le champ du cœur imprègne toutes les cellules du corps et il irradie à l'extérieur de nous: à l'aide d'un magnétomètre on peut le détecter jusqu'à 3 mètres.»

DEVENIR AMBIDEXTRE

Les chercheurs le confirment: être ambidextre favorise l'équilibre et le développement du cerveau. Léonard était ambidextre. La plupart des gens se fient à une seule main et à un côté dominant du corps. Le côté négligé peut devenir le dépotoir des détritus énergétiques de plusieurs parties de nous-mêmes que nous préférerons éluder. Autrement dit, quand nous nous éloignons de la vérité intérieure, nous enfermons les choses oubliées dans les régions négligées du système nerveux. Ainsi, écrire, dessiner ou accomplir toute autre activité de la main non dominante peut favoriser l'équilibre énergétique et psychosomatique.

L'exercice qui suit vous aidera à soigner les déséquilibres de votre organisme. Procurez-vous de quoi écrire et inscrivez votre nom sur une feuille en utilisant votre main non dominante et sans regarder ce que vous faites. Ensuite, écrivez de nouveau votre nom avec votre main non dominante, mais cette fois en regardant le dessin du cœur de Léonard. Fixez le cœur et non ce que vous écrivez, et cette image communiquera à votre côté non dominant la fréquence de l'*ahavah* (l'amour) et de l'*ananda* (la béatitude). Cet exercice peut engendrer des sentiments singuliers ou des flux d'énergie inhabituels dans votre corps — mais tous ne ressentent pas ces effets.

Faites maintenant une dernière fois l'exercice de guérison de *L'Homme vitruvien* pour vous assurer d'être bien équilibré.

EXERCICE DE CENTRAGE VITRUVIEN

Le fameux dessin de Léonard, devenu le canon des proportions, montre les bras et les jambes à égales distances du centre de gravité du corps. Ce centre de gravité est appelé *hara* au Japon et *tan-tien* inférieur en Chine. En Occident, nous appelons cela les tripes. Vous pouvez améliorer votre équilibre et favoriser l'unification du corps, du mental et de l'esprit en cultivant la conscience de ce centre de gravité. Commencez en vous asseyant ou en vous tenant debout. Ensuite, de n'importe quelle main, pressez sur le point situé deux doigts sous le nombril. Inspirez doucement par le nez et dirigez votre souffle vers le bas, vers votre centre. Expirez lentement par la bouche avec un « ahhhh » doux et continu, tout en restant bien concentré sur votre centre de gravité. Faites cela sept fois et refaites cet exercice de temps à autre durant la journée.

ÉLÉMENTS DE CHI GONG

Dean Deng est l'une des personnes les plus équilibrées et les plus énergiques que je connaisse. Docteur en médecine, Deng fut initié à l'antique lignée du chi gong taoïste à l'âge de trois ans et il devint un maître dans cet art remarquable. La pratique du chi gong constitue la base de tous les arts de guérison et des arts martiaux de la Chine. *Chi*, qu'on prononce «ki», est la force naturelle vitale. On peut traduire *gong* par «travail, pratique, rendre puissant». Le chi gong est donc une pratique qui augmente la force vitale.

De nombreuses recherches scientifiques montrent que la pratique du chi gong peut, entre autres bienfaits, favoriser la cohérence des ondes cérébrales des deux hémisphères, augmenter le nombre des globules blancs, améliorer la circulation et la production endocrinienne.

Le Dr Deng a trouvé la pratique du chi gong particulièrement utile dans les domaines suivants:

- Gestion du stress.
- Renforcement des systèmes nerveux et immunitaire.
- Purification et rajeunissement du corps, y compris les organes internes, les os, la circulation, la peau et les muscles.
- Réduction ou élimination de la douleur.
- Augmentation du sentiment de bien-être.
- Guérison de nombreuses maladies.

J'ai eu beaucoup de chance de pouvoir travailler régulièrement avec le Dr Deng pendant quelques années et de participer à son atelier *Eight Treasures of Qi Gong*. Ces «huit trésors» sont en fait un exercice de quinze minutes assurant plusieurs des bienfaits décrits plus haut. Vous pouvez l'apprendre en lisant le livre de Deng ou en vous procurant sa vidéo *Qi Gong: A Legacy of Chinese Healing* (Le chi gong: un héritage de la médecine chinoise).

Entre-temps, vous pouvez essayer l'adaptation suivante d'un des exercices de réchauffement du Dr Deng. Dans cet exercice en six étapes, vous pourrez soutirer l'essence de la terre, du feu, de l'eau et de l'air pour vivifier toutes les cellules de votre corps.

Levez-vous, les pieds écartés de la largeur du corps, les épaules détendues, les genoux légèrement fléchis. Faites quelques recentrages vitruviens. En respirant, imaginez que vous inspirez le *chi* subtil, la force vitale.

Tirer l'énergie de la terre. Maintenez les pieds fermement plantés et les bras droits devant vous à hauteur de poitrine, paumes vers le bas. Expirez en ployant les genoux pour descendre droit et inspirez en vous redressant. Imaginez que vous tirez l'énergie de la terre par la plante des pieds pour remplir chaque cellule de votre corps. Sentez l'énergie qui fait croître tout un jardin, soutient une forêt ou un champ de blé doré. Répétez huit fois.

Tirer l'énergie du soleil. Expirez en étendant les bras droits devant vous à la hauteur de la poitrine et en ouvrant les paumes comme si vous tentiez de toucher le soleil. Inspirez en ramenant les bras vers la poitrine et en imaginant que vous remplissez votre corps de la salutaire lumière dorée. Faites cela huit fois.

Tirer l'énergie de l'océan. Ramenez les paumes ensemble devant la poitrine, expirez en ouvrant les bras vers les côtés aussi loin que vous le pouvez (comme sur l'image de *L'Homme vitruvien*), inspirez et ramenez les mains au centre de la poitrine en imaginant que vous lavez toutes les molécules de votre corps avec la merveilleuse énergie de l'océan. Faites cela huit fois.

Tirer l'énergie du ciel. Levez les deux bras au-dessus de la tête en inspirant. Abaissez-les en traçant un grand cercle autour de vous et en expirant. Relevez les bras et imaginez que vous emplissez votre cercle de l'énergie du ciel, des étoiles et de la lune. Répétez huit fois.

Tirer l'énergie de tout l'univers. Levez les bras au-dessus de la tête en inspirant. Abaissez les bras autour de vous en expirant et en imaginant que vous concentrez en vous-même toute l'énergie de la terre, du soleil, de l'océan et du ciel — l'univers entier.

Le rire abdominal. Le sourire du Dr Deng est magnifique et son rire est des plus résonants. Selon lui, ce rire abdominal est le secret de son étonnante puissance du *chi.* Vous pouvez donc terminer cet exercice en vous flattant vigoureusement le ventre et en répétant le mantra « ha ha ha ha ». Si vous avez du mal à rire, essayez cette méditation zen pour y parvenir, jusqu'à ce que vous arriviez à la « rillumination » : asseyez-vous le dos bien droit, fermez les yeux et répétez très lentement, trois fois, Zen-za-hou-ma. Répétez cela trois autres fois un peu plus rapidement. Puis encore trois fois le plus rapidement possible.

DÉCISIONS SPIRITUELLES

Le docteur John Diamond, auteur du livre *L'énergie de vivre,* comprend l'influence de notre pouvoir décisionnel et ses effets sur la santé dans une perspective spirituelle : « Le cours de notre vie est déterminé par des centaines de milliers, des millions de choix : ce que nous devons sentir, désirer, dire, manger, faire, etc. Chacun de ces choix nous rapproche ou nous éloigne de la santé, de l'amour, de Dieu. Il n'y a donc que des décisions spirituelles. »

La pratique de l'amour

(connessione)

Dans de nombreux tableaux (*Annonciation*; *Adoration des mages*; *Vierge aux rochers*; *Madone au fuseau*; *La Vierge, l'Enfant et le chat*; *Madone Benois*; *La Vierge, l'Enfant Jésus et sainte Anne*), Léonard de Vinci n'a pas cessé de vouloir représenter le visage de l'amour divin. La face adoratrice de la Vierge est notre symbole du septième principe, *connessione*: la pratique de l'amour.

Selon une enquête sur les traditions spirituelles du monde publiée dans *Encyclopedia of Religion*: «L'idée de l'amour a laissé une empreinte plus large et plus indélébile sur le développement de la culture humaine que toute autre notion.» Les chefs des diverses traditions semblent tous s'accorder sur le fait que l'amour est la force la plus puissante de l'univers, une impulsion cosmique qui crée, maintient, dirige, informe tout ce qui vit.

Sains et fous, tous aspirent passionnément à Lui, à la mosquée, au temple, à l'église, tous de la même manière. Car seul Dieu est l'unique Dieu de l'Amour et l'Amour lance son appel de tous ces lieux, chacun est Sa demeure.

SAGESSE SOUFIE

Gros plan du visage de la Vierge Marie tiré d'une des deux versions de La Vierge, l'Enfant Jésus et sainte Anne. *La représentation du visage de l'amour divin a puissamment inspiré Raphaël et beaucoup d'autres grands maîtres.*

L'amour : « La force la plus puissante »

« Dieu est Amour : celui qui demeure dans l'amour demeure en Dieu et Dieu demeure en lui. »

1 Jean 4,16 (christianisme)

« Le nom de Dieu importe peu, puisque l'amour est le vrai Dieu du monde entier. »

Sagesse amérindienne

« Le glorieux et unique Dieu de l'amour. »

Upanishad (hindouisme)

« L'amour est sans cause ; c'est l'astrolabe des secrets de Dieu. »

Rumi (soufisme)

« Le monde est fait d'amour. »

Roi David (judaïsme)

« L'amour et la compassion sont des nécessités, non des luxes. Sans eux, l'humanité ne peut survivre. »

Le dalaï-lama (bouddhisme tibétain)

Omnia vincit amor, « l'amour triomphe de tout » (Virgile), fut l'une des devises de Léonard, qui exprimait ainsi sa propre conscience de l'amour en tant que « plus puissante force de l'univers ».

Aimer en étant

Pour Léonard, l'amour était la force qui reliait tout et son incessante *curiosità* était le canal qui le menait à l'amour : « L'amour de toute chose est le fruit de notre connaissance et s'étend à mesure que s'approfondit notre connaissance. » L'amour se trouvait au cœur même de sa conscience : « Seul l'amour me donne une mémoire, seul l'amour me rend conscient. »

L'art de Léonard rend les plantes, les animaux et les hommes avec une précision structurelle et anatomique stupéfiante qui provenait de la plus minutieuse observation. Ce que nous sentons dans toutes ces représentations, c'est l'amour de Léonard pour les œuvres de Dieu, sa passion de révéler par l'art « la gloire de la création naturelle ». À son sens, la vue — l'œil, dans lequel « la beauté du monde se reflète » — devait capter l'âme même de la nature. Peindre ce que l'œil voyait était pour lui une manière d'amour du Divin. Plus Léonard se consacrait à l'étude du monde, plus il comprenait les liens entre le passé et le présent, et entre toutes les formes de la nature : humaines et animales, animées et inanimées.

Un exemple stupéfiant de la tentative de Léonard de représenter l'unité de la création est son tableau inachevé de l'*Adoration des*

mages, commandé par les moines de San Donato à Scopeto pour l'autel de leur église. Dans cette peinture, la complexité de la composition, l'usage de la perspective et le contraste entre la lumière et la noirceur magnifient le sujet principal : la Vierge accueillant les mages. À l'arrière-plan, des scènes de ruine et de dévastation soulignent la chute du monde païen provoquée par la naissance du Christ. La Vierge et l'Enfant figurent le centre tranquille d'un tourbillon d'émotions venues de loin et qui s'intensifient à mesure que les personnages s'approchent d'eux.

La tension entre la tranquillité du Divin et la turbulence de l'expérience humaine préfigure l'expression encore plus nette de ce contraste dans *La Cène*. Dans *La Cène*, les visages des disciples attablés sont clairs et distincts, tandis que dans l'*Adoration des mages* Léonard arrange les visages selon des angles bizarres, de manière à les effacer dans l'infini, ce qui évoque la multitude des visages indistincts de l'humanité. À l'arrière-plan, les ruines et les scènes de batailles traduisent la faillite, la confusion et le chaos d'un monde privé du message d'amour apporté par le personnage inachevé mais majestueux de l'Enfant Jésus dans les bras de sa mère. Plusieurs commentateurs ont remarqué la prédominance du caroubier, qui n'est pas seulement l'arbre auquel s'est pendu Judas, mais aussi celui dont les gousses ont nourri saint Jean dans le désert. Derrière le caroubier se trouve un palmier, symbole de vie avec ses feuilles en éventail qui irradient du tronc, comme les artères et les veines du cœur. Léonard écrivit : « Le cœur est la noix qui produit l'arbre des veines. »

Dans ce tableau on observe un autre thème cher à Léonard : l'opposition de la jeunesse et de la beauté (figurées par l'élégant jeune homme à l'extrême droite) à la vieillesse et à la sagesse (incarnées par le vieil homme à gauche de la Vierge). Mais, pour Léonard, les opposés ne sont jamais dualistes : comme pour le plaisir et la douleur, la jeunesse et la vieillesse sont jumelées et l'une contient l'autre. Le jeune homme — un autoportrait de Léonard ? — sera un jour le vieillard, et si le jeune homme est bon il a en lui les germes d'une vieillesse heureuse. « La connaissance acquise durant la jeunesse amoindrit les dommages de la vieillesse, écrivit Léonard, et si vous comprenez que la vieillesse se nourrit de sagesse vous vous conduirez de manière que vous ne manquiez pas de nourriture une fois vieux. »

Tout comme l'amour, l'eau s'écoule universellement

Pour Léonard, l'eau liait toutes les choses : « Tout comme les veines naissent du réservoir de sang et étendent leurs branches à travers le corps humain, l'océan remplit le corps de la terre grâce à un nombre infini de sources. » Cette vision poétique était plus qu'une métaphore : par l'observation de l'envasement des bouches des fleuves, Léonard découvrit que les vieillards meurent souvent d'une thrombose.

La présence vivifiante de l'eau dans les œuvres de Léonard est magnifiquement exprimée par Walter Pater : « Vous pouvez suivre son jaillissement depuis sa source distante parmi les rochers dans la lande, comme une bonne et belle rivière, sous les falaises de la *Vierge aux rochers,* lavant les murs blancs de ses villages lointains, s'éloignant en bras ramifiés dans *La Joconde* jusqu'aux rivages de Sainte Anne — ce lieu délicieux où le vent glisse sur la surface comme les touches de l'aquafortiste, où les coquillages s'amassent sur le sable, où le sommet des rochers, à l'abri des vagues, est couvert d'herbes fines comme des cheveux. Ce sont les paysages issus non pas des rêves ou de l'imagination, mais d'espaces intérieurs intimes et d'heures choisies entre mille avec une finesse miraculeuse. Les choses nous sont parvenues ainsi à travers l'étrange voile du regard de Léonard ; non pas durant un jour ou une nuit ordinaires, mais comme dans la faible lumière d'une éclipse ou dans le court intervalle d'une pluie tombant au point du jour ou en eau profonde. »

LE CODE GÉNÉTIQUE DE L'UNIVERS

« L'œil véritable » verra des motifs récurrents — artistiques et scientifiques — dans l'œuvre de Léonard. Il était fasciné par les tourbillons et les tornades, par les ondulations concentriques provoquées par une pierre jetée dans l'eau. Ses peintures et ses dessins montrent son intérêt sans fin pour les chevelures en cascade, le drapé des vêtements et les vrilles des végétaux. Les motifs en hélices qu'on voit dans de nombreuses peintures — la pose et l'habillement de son saint Jean, Léda et le cygne entrelacés, son saint Jérôme entortillé — sont comme l'écho de ses inventions: les vis, l'engrenage hélicoïdal, le pressoir à olives, l'escalier double. Sa fascination pour ces formes hélicoïdales suggère qu'il avait eu l'intuition de l'unité essentielle de toutes les créatures vivantes, comme s'il avait prévu la découverte, au XXe siècle, de la structure en double hélice de l'ADN.

Fondée sur l'observation et l'analyse scientifique et non sur une philosophie religieuse, l'intuition de Léonard de l'unité de la création et du schéma invisible qui relie toutes choses est aussi présente dans la sagesse spirituelle universelle.

Le physicien David Bohm appelle ce modèle l'«ordre implicite», la «structure profonde» de l'interconnexion des éléments du monde. En 1980, Bohm écrivait: «Tout est enveloppé dans tout.» Cinq siècles plus tôt, Léonard avait noté: «Tout vient de tout, tout est fait de tout et tout retourne à tout.»

La théorie de l'univers holographique de Bohm implique l'unité du macrocosme et du microcosme: le «code génétique» de l'univers est contenu dans chaque atome, tout comme l'ADN renferme le code génétique d'un individu. Léonard semble être parvenu aux mêmes conclusions: «C'est le véritable miracle: que toutes les formes, toutes les couleurs, toutes les images de toutes les parties de l'univers soient concentrées en un point unique.»

Puisque tout est relié à tout, tout émerge de rien et y retourne. Selon Léonard:

> «Le néant n'a pas de centre et ses limites sont le néant [...] parmi les grandes choses qu'on retrouve parmi nous, l'existence du Rien est la plus grande [...] son essence est le temps entre le passé et le futur, mais n'a rien du présent [...]. Dans ce Néant la partie est égale au tout et le tout est égal à la partie, le divisible à l'indivisible; on ne peut multiplier le Néant, ni le diviser, ni y ajouter ou y soustraire quoi que ce soit.»

Léonard décrivit l'intense désir de retourner à l'ultime source de l'être comme une expression de notre lien indestructible avec la nature: «Chaque partie est disposée à s'unir avec le tout pour échapper à sa propre incomplétude.» Il ajouta: «Ce désir est essentiellement l'esprit des éléments, qui désire sans cesse retourner à sa source. Je voudrais que vous sachiez que ce même désir est, dans sa quintessence, inhérent à la nature.»

Une fois de plus, ses mots rappellent la sagesse de Lao-tseu dans le *Tao-tö-king*:

> «Cette etendue n'est pas vide: elle n'est pas une vacuité et n'est pas impersonnelle. Elle est pleine du nectar incandescent de l'amour désintéressé, de joie tendre et de gratitude.»
>
> *Prajnaparamita-sutra*

Le mouvement de la Voie est un retour;
Dans sa faiblesse repose sa grande utilité.
De Ce-qui-est le monde des choses est né
Mais Ce-qui-est vient de Ce-qui-n'est-pas.

Léonard nous dit d'affronter en souriant le mystère du néant intemporel duquel nous émergeons et auquel nous retournons.

Peut-être savait-il, alors qu'il se préparait à retourner au néant, ce que croyait le moine cistercien Thomas Merton: «Rien n'est plus près de Dieu que la tranquillité.»

L'amour: L'unité dans la diversité

«Il faut savoir qu'aucune chose n'a d'existence indépendante. Il faut savoir que toutes choses sont interdépendantes.»
Préceptes des maîtres (texte bouddhiste tibétain)

«Cela revient à dire ceci: toute la vie est interdépendante. Nous sommes tous pris dans un inextricable réseau de réciprocité, vêtus de l'unique vêtement de la destinée. Tout ce qui affecte l'un directement affecte les autres indirectement.»
Martin Luther King

«Le monde et moi avons une origine commune
et toutes les créatures et moi sommes un.»
Tchouang-tseu

«Chaque fois que nous tentons de saisir quelque chose, nous découvrons que cette chose est attachée à tout l'univers.»
John Muir, naturaliste

«Ne voyez que l'un dans toutes choses.»
Kabir, sage musulman indien

«Toutes choses, matérielles et spirituelles, proviennent d'une unique source et sont reliées comme si elles faisaient partie d'une famille.»
Morihei Ueshiba, fondateur de l'aïkido

«Écoute Israël, le Seigneur notre Dieu est un seul Seigneur.»
Prière fondamentale du judaïsme

La pratique de l'amour : évaluation personnelle

- Je me sens relié à quelque chose de plus grand que mon ego.
- J'alimente chaque jour consciemment mon lien avec cette chose plus vaste que moi.
- Je pratique l'amour-tendresse conscient avec toute ma famille.
- Je pratique l'amour-tendresse conscient avec mes collègues de travail.
- Je pratique l'amour-tendresse conscient avec tous ceux que je côtoie occasionnellement (garçons de table, vendeurs, caissières, etc.).
- Je me permets de ressentir la plénitude de l'amour, de donner et recevoir chaque jour de ma vie.

La pratique de l'amour ; exercices spirituels

> De l'Amour nous sommes nés.
> C'est l'Amour qui nous soutient.
> C'est à l'Amour que nous retournons.
>
> *Upanishad*

FAIRE LE BIEN

En 1976, je retournais à Londres après une aventure de trois semaines en Turquie où je fus initié à la puissante expérience du *zhikr* des derviches halveti, par le maître soufi Hassan Shushud.

Peu de temps après mon retour, j'ai entendu dire que le fameux enseignant soufi, le scheik Nazim al-Haqqani, quarantième maillon de la chaîne dorée de la Naqshbandia qui remonte jusqu'au prophète Mahomet, venait de Damas pour diriger des prières et partager son enseignement. Tout excité, je traversai la ville pour saisir cette merveilleuse occasion. Le salon de la maison où Nazim al-Haqqani devait parler était bondé, et l'excitation spirituelle connue sous le nom de *baraka* emplissait l'atmosphère. Le scheik est entré dans la pièce, portant son élégante robe verte et son turban blanc. Le silence était palpable et nous étions suspendus à ses lèvres. Il dit alors : « Faites le bien ; ne faites pas le mal. » Il sourit et quitta la pièce. Cette pénétrante évidence est facilement oubliée dans une culture post-moderne qui révère le relativisme narcissique et la célébrité plus que la charité et le bien.

Il faut chercher notre âme, aiguiser notre conscience, nous libérer de l'attachement, intégrer les quatre dimensions de l'énergie, équilibrer le masculin et le féminin et faire face à l'ombre, mais le plus important est de faire le bien. La gentillesse, la charité et le dévouement constituent les pierres angulaires de la Voie dans toutes les traditions.

Comme l'écrivit Léonard : « La vertu est notre bien véritable et elle est la véritable récompense de son détenteur. » Puis : « L'amour s'attache toujours aux choses pures et vertueuses et habite dans un cœur noble, comme un oiseau dans la verte forêt sur une branche fleurie. » Encore une fois, les paroles de Léonard se prolongent dans la sagesse universelle, dans les paroles du Bouddha : « Préparez votre cœur à faire le bien. Faites-le encore et encore, et vous serez rempli de joie. »

Voici quelques exercices pour inviter la bonté et l'amour dans votre vie.

PRATIQUER LA CHARITÉ DE NIVEAU SEPT

Toutes les traditions spirituelles exaltent l'idéal de la charité. Dans la tradition chrétienne, la charité constitue la plus haute vertu, car elle représente l'amour de Dieu. Dans l'islam, elle est l'une des cinq vertus fondamentales. Appelée *zakat*, qui veut dire «purification», elle est donnée pour plaire à Allah. Pour les bouddhistes, la charité est l'un des six préalables et on doit l'accomplir sans songer aux pertes ou aux gains personnels.

Mais, comme de nombreuses bonnes choses, la charité est souvent récupérée par l'ego, par exemple quand on la pratique pour se faire remarquer ou pour acquérir une influence personnelle. Elle devient alors un instrument d'autoglorification.

Le grand médecin et philosophe juif Maïmonide a établi une hiérarchie du don qui favorise la pratique de la charité préservée de l'égoïsme. Selon Maïmonide, il existe sept niveaux de charité, décrits ici par ordre croissant de pureté d'intention:

1. Le donateur offre quelque chose contre son gré.
2. Le donateur offre quelque chose seulement après qu'on le lui a demandé.
3. On demande à quelqu'un la charité et celui-ci donne au nécessiteux avec le sourire. (Le donateur tire visiblement du plaisir de son acte et le nécessiteux peut se sentir honteux.)
4. Le donateur et le nécessiteux se connaissent, mais le don est offert avant que le nécessiteux ne l'ait demandé.
5. Le donateur ne connaît pas le nécessiteux, mais le nécessiteux connaît l'identité du donateur. (Le nécessiteux peut se sentir lié par le donateur.)
6. Le donateur sait à qui il donne, mais le nécessiteux ne connaît pas le donateur. (Le bienfaiteur peut ressentir une certaine satisfaction et de l'ascendant sur le nécessiteux.)

7. Ni le donateur ni le nécessiteux ne se connaissent. Donner anonymement, c'est accomplir une *mitzvah* (une bonne action) pour elle-même. Comme le donateur ne sait pas qui est aidé, il reste humble, et le nécessiteux ne se sent redevable à personne en particulier.

Maïmonide pondère l'importance qu'il donne à la pureté de l'intention du donateur par les résultats véritables produits par le don. Il a enseigné que la plus haute charité renforce le nécessiteux, jusqu'à éliminer le besoin de charité.

ACCOMPLIR UN SERVICE CONSCIENT

Rabindranath Tagore écrivit : « J'ai dormi et j'ai rêvé que la vie était joie. Je me suis réveillé et j'ai vu que la vie était service. J'ai agi et j'ai compris que le service était joie. » Gandhi observa : « Tous les autres plaisirs et possessions pâlissent et disparaissent devant le service rendu dans la joie. »

Dans votre carnet, établissez la liste des services que vous pourriez rendre en une semaine. Par exemple, préparer le repas pour un ami, nettoyer la chambre d'un proche, garder l'enfant d'un jeune couple, devenir bénévole dans un foyer ou un hôpital. Ensuite, accomplissez un service par jour pendant une semaine. N'en discutez avec personne, mais notez vos réflexions.

> « Combien d'empereurs et de princes ont été oubliés, qui n'ont cherché qu'à s'approprier des territoires et des biens pour assurer leur renommée ? Combien de gens ont vécu dans la pauvreté matérielle afin d'enrichir leur vie de la vertu ? Le pauvre a atteint son but mieux que le riche, car la vertu surpasse la richesse. Ne voyez-vous pas que le trésor en lui-même n'attire pas les louanges sur celui qui l'a accumulé ? »
>
> Léonard de Vinci

PRATIQUEZ LA COMPASSION ET LE PARDON

La compassion est au cœur de toutes les grandes traditions spirituelles du monde.

Selon la tradition juive : « Nous nous rappelons la compassion de nos parents et nous pouvons étendre cette compassion à tous les habitants de la terre. »

Selon le Bouddha : « La haine n'a jamais fait disparaître la haine. Seul l'amour fait disparaître la haine. Telle est la loi, ancienne, inépuisable. »

Selon le Christ : « Le mal n'éloignera jamais le mal. Si quelqu'un vous fait du mal, vous devriez lui faire du bien, de sorte que par vos bonnes œuvres vous puissiez détruire sa méchanceté. »

Selon Mahomet : « Pardonnez à ceux qui vous font du tort. Unissez-vous à ceux qui vous excluent. Faites du bien à ceux qui vous font du mal. »

Réfléchissez à la manière dont vous pouvez adopter ces préceptes.

MÉDITATION SUR LE SOUFFLE EN SPIRALE

Nous savons que Léonard adorait les spirales. Nous les retrouvons souvent dans son œuvre : les boucles des cheveux de Ginevra de Benci ; les vrilles de sa plante favorite, l'étoile de Bethléem ; la structure hélicoïdale des coquilles de nautiles qu'il collectionnait. L'eau s'écoule en spirale, comme l'air que nous respirons. Selon Léonard : « Notre force de vie vient de l'air, qui est le principe de vie commun à tous les hommes et à toutes les autres créatures. » La méditation sur le souffle en spirale qui suit est une façon littéralement inspirante de célébrer l'esprit de Léonard et de vous ouvrir à une communication plus profonde avec vous-même et le Divin.

Asseyez-vous, ou bien restez debout, mais gardez le dos bien droit et les épaules détendues. Fermez les yeux. Tout en inspirant, imaginez qu'une lumière blanche et pure monte en spirale de la terre par vos pieds en tournant dans le sens contraire aux aiguilles d'une montre. Pendant que le souffle et la lumière montent en spirale le long de votre colonne vertébrale et atteignent le sommet de votre tête, imaginez qu'ils nettoient toutes les cellules sur leur passage, qu'ils purifient et rafraîchissent tout en vous. En expirant, imaginez que le souffle et la lumière descendent le long de votre colonne vertébrale et de vos jambes pour retourner à la terre dans le sens des aiguilles d'une montre. Tandis que le souffle et la lumière descendent en spirale, laissez toutes vos cellules se remplir de vitalité et d'amour. Faites sept cycles de respiration en spirale. Puis ouvrez les yeux, respirez normalement et rendez grâce à Dieu. (Vous pouvez apprendre une version plus complexe de cette méditation en consultant le livre de Wendy Palmer, *The Intuitive Body*.)

CONNESSIONE PAR L'AMOUR-TENDRESSE CONSCIENTE

Vous pouvez cultiver votre *connessione* spirituelle par une méditation simple inspirée de la tradition bouddhiste. Cet exercice s'appelle *metta*, qu'on traduit par « amour-tendresse ».

On y fait quatre triples invocations. Demandez d'abord : « Puissé-je être heureux. Puissé-je être en paix. Puissé-je être libre. » (L'idéal bouddhiste de la libération nécessite que vous délivriez votre âme de la roue de la mort et de la renaissance et que vous reveniez volontairement sur terre, en tant que bodhisattva, pour travailler à l'illumination et à la libération de tous les êtres. Vous pouvez aussi imaginer la libération comme l'élimination de tout ce qui limite la *connessione*.)

Ensuite, refaites ces invocations pour vos proches : « Puissent tous ceux que j'aime être heureux. Puissent tous ceux que j'aime être paisibles. Puissent tous ceux que j'aime être libres. » Puis, votre amour-tendresse doit inclure tous les êtres : « Puissent tous les êtres être heureux. Puissent tous les êtres être en paix. Puissent tous les êtres être libres. »

Terminez l'exercice en revenant à votre invocation initiale : « Puissé-je être heureux. Puissé-je être en paix. Puissé-je être libre. »

CONCLUSION : La bénédiction de Léonard

*Dans l'*Adoration des mages, *Jésus exécute la mudra (signe de la main) de Kéter. Ce geste, qui a un sens dans plusieurs traditions spirituelles, n'était pas rare dans les tableaux de la Renaissance, et il apparaît dans les deux versions de la* Vierge aux rochers. *Dans la kabbale, cette mudra représente la première séfirah au sommet de l'Arbre de Vie. Dans le yoga, il symbolise le chakra de la couronne. Dans la tradition taoïste, il indique le domaine du roi du ciel oriental et empereur du soleil levant, le domaine où les énergies masculine et féminine fusionnent, avant la séparation du yin et du yang. Pour Léonard, c'était une invocation du royaume des cieux, une façon d'inviter le divin à nous bénir tous.*

Selon Lao-tseu: «Les conclusions sont une ignorance arrêtée sur le chemin d'une moindre ignorance.» Alors, au lieu de vous offrir une conclusion, je vous offre cette bénédiction:

— Puisse l'esprit de Léonard de Vinci remplir votre vie de plénitude et de vérité.
— Puissiez-vous trouver le courage d'assumer vos intentions et vos actes.
— Puisse l'ange de Léonard vous inspirer à vous ouvrir à la perception intérieure pour savourer chaque moment de l'existence.
— Puisse l'acceptation de soi illuminer vos jours les plus sombres.
— Puissiez-vous partager avec Mona Lisa le sourire né du mariage du masculin et du féminin.
— Puissiez-vous unifier votre corps, vos émotions, votre mental et votre esprit de telle sorte que vous ressentiez une énergie sans bornes et une santé éclatante.
— Puisse votre vie être remplie de beauté, de joie, de bonté et d'amour.

ANNEXE : CONVERSATION AVEC UN GRAND MAÎTRE

Pour tenter de résoudre quelques-unes des énigmes soulevées par *Da Vinci Code*, j'ai rencontré un déchiffreur de code exceptionnellement qualifié, Raymond Keene, O.B.E.

Durant la Seconde Guerre mondiale, alors que la Grande-Bretagne luttait pour sa survie, les services secrets se tournèrent vers des grands maîtres des échecs pour déchiffrer les codes allemands. Parmi ceux qui ont le plus contribué à déchiffrer le code Enigma figuraient les correspondants du *London Times* pour les échecs, Harry Golombek, O.B.E., et Sir Stuart Milner. J'ai demandé au grand maître Raymond Keene, leur successeur au *Times* (et champion britannique d'échecs pendant quatorze ans), d'aider au déchiffrage des énigmes, indices et codes de *Da Vinci Code*.

Raymond Keene a répondu: «Le véritable code de Vinci n'a rien à voir avec le Prieuré de Sion, ni avec des machines à encoder faussement attribuées à Léonard, ni avec Opus Dei, ni avec Marie Madeleine, ni avec le portrait de saint Jean dans *La Cène*. À l'occasion de la récente reconstruction des machines aéronautiques, militaires et aquatiques de Léonard pour la télévision de la BBC, on a découvert qu'elles marchaient toutes à reculons et qu'il fallait corriger ces anomalies pour les faire fonctionner correctement. L'air hautain, les techniciens critiquèrent Léonard: «Il était génial pour le XVe siècle: il avait presque réussi. Il suffit de parfaire ses machines et de faire fonctionner les engrenages dans l'autre sens pour que ça marche.»

Mais, poursuit Keene, ils n'ont pas vu l'évidence: le véritable code de Vinci! «Qu'espéraient-ils d'un homme qui écrivait à l'envers pour protéger ses découvertes des regards indiscrets? Bien sûr que ses machines sont inversées! C'était le deuxième écran de protection de Léonard pour empêcher l'utilisation frauduleuse de ses appareils.»

Selon Keene, les seuls codes véritables dans le roman de Dan Brown sont des anagrammes et des jeux de mots qui n'ont pas grand-chose à voir avec Léonard. Par exemple:

— Le nom de l'héroïne, Sophie Neveu, veut dire «sagesse nu-Ève»:

c'est un double jeu de mots qui se rapporte aux rites de nudité dont Sophie est témoin et, bien sûr, à la nouvelle Ève (en anglais: *new Eve*), qui suggère une nouvelle interprétation du féminin sacré.

• Le nom du héros, Robert Langdon, est probablement inspiré de John Langdon, le spécialiste des palindromes (un palindrome est un mot, ou groupe de mots qui peut être lu indifféremment de droite à gauche ou de gauche à droite).

• Le nom du conservateur assassiné, Saunière, se réfère à Béranger Saunière, abbé de la chapelle de Rennes-le-Château et dernier grand maître supposé du Prieuré de Sion. Keene dit: «Son église regorge de symboles bizarres, dont un échiquier de soixante-quatre cases gravé dans le plancher de pierre.»

• Le nom de Leigh Teabing est une sorte de croisement anagrammatique entre les noms Richard Leigh et Michael Baigent, les auteurs (avec Henry Lincoln) de *Holy Blood, Holy Grail*, le livre dont les ventes ont explosé et qui a attiré l'attention sur la thèse suivant laquelle Marie Madeleine et le Christ auraient engendré une postérité.

• Le nom du détective Fâché évoque la colère du fidèle catholique contre les hérésies du Prieuré.

• Le nom de l'agent de Robert Langdon, Faukman, est une anagramme de Kaufman, l'éditeur de Dan Brown.

• À la page 392 de l'édition anglaise originale, Brown offre, en guise d'indice, un jeu de mots: «Nous ne cherchons pas un pape catholique», allusion au poète Alexander Pope (en anglais, «pape» se dit *pope*), qui a écrit ces lignes fameuses sur le génie d'Isaac Newton:

> La nature et ses lois sont cachées dans la nuit
> Dieu dit
> que Newton soit
> et la lumière fut!

Le problème au sujet de l'indice de Brown est que les deux «papes» étaient catholiques!

BIBLIOGRAPHIE

Abrams, Jeremiah et Connie Zweig, éditeurs. *Meeting the Shadow: The Hidden Power of the Dark Side of Human Nature.* Jeremy P. Tarcher, Los Angeles, 1991.

Baigent, Michael, Richard Leigh et Henry Lincoln. *L'Énigme sacrée.* Pygmalion, Paris, 2004.

Ballentine, Rudolph. *Radical Healing: Integrating the World's Great Therapeutic Traditions to Create a New Transformative Medicine.* Three Rivers Press, New York, 1999.

Barks, Coleman, traducteur. *The Essential Rumi.* HarperCollins, New York, 1995.

Bennett, J. G. *A Spiritual Psychology.* Coombe Springs Press, Gloucestershire, 1974.

Bennett, J. G. *Transformation.* Coombe Springs Press, Gloucestershire, 1978.

Borysenko, Joan. *The Way of the Mystic: Seven Paths to God.* Hay House, Carlsbad, Californie, 1997.

Brown, Dan. *Da Vinci Code.* J.-C. Lattès, Paris, 2004.

Bucke, Richard Maurice. *Cosmic Consciousness: A Study in the Evolution of the Human Mind.* Arkana, New York, 1991

Childre, Doc et Howard Martin. *The HeartMath Solution.* HarperCollins, San Francisco, 1999.

Chopra, Deepak. *Le Corps quantique: Trouver la santé grâce aux interactions corps/esprit.* InterÉdition, Paris, 2003.

Clark, Kenneth. *Léonard de Vinci.* Livre de Poche, Paris, 1967.

Coelho, Paulo. *L'Alchimiste.* Anne Carrière, Paris, 1994.

Cohen, Andrew. *Pour une parfaite relation avec la vie.* Altess, France, 1997.

Cutler, Howard, et Sa Sainteté le Dalaï-Lama. *L'Art du bonheur.* Robert Laffont, Paris, 1999.

Dunn, Phillipe, Mascetti, Manuela, Mairet, Serge et R. A. Nicholson. *Roumi par le texte et l'image.* «Sagesse de l'Islam», Éditions de l'Éveil, Paris, 2002.

de Vinci, Léonard. *Dessins et manuscrits*. Réunion des Musées nationaux, Paris, 2003.

de Vinci, Léonard. *Leonardo on the Human Body*, traduit et commenté par Charles D. O'Malley et J. B. de C. M. Saunders. Dover, New York, 1983.

de Vinci, Léonard. *The Notebooks of Leonardo da Vinci*, colligé et édité par Jean Paul Richter. Dover, New York, 1970.

de Vinci, Léonard. *The Notebooks of Leonardo da Vinci*, édité par Edward MacCurdy. Konecky and Konecky, Old Saybrook, Connecticut.

Eisler, Riane, *Le Calice et l'Épée*. Robert Laffont, Paris, 1989.

Feldman, Daniel Hale. *Qabalah : The Mystical Heritage of the Children of Abraham*. Work of the Chariot, Santa Cruz, 2001.

Gardner, Laurence. *Le Graal et la lignée royale du Christ : La descendance cachée du Christ enfin révélée*. Dervy, Paris, 1999.

Gelb, Michael J. *Pensez comme Léonard de Vinci : Soyez créatif et imaginatif*. Éditions de l'Homme, Montréal, 2000.

Golas, Thaddeus. *The Lazy Man's Guide to Enlightenment*. Bantam, New York, 1980.

Gombrich, E. H. *Histoire de l'Art*. Phaidon, Londres, 2001.

Katie, Byron. *Aimer ce qui est : Vers la fin de la souffrance*. Ariane, Montréal, 2003.

Lao-tzeu. *La voie et sa vertu : Tao-tö-king*, texte chinois présenté et traduit par François Houang et Pierre Leyris. Éditions du Seuil, Paris, 1979.

Livio, Mario. *The Golden Ratio : The Story of Phi, the World's Most Astonishing Number*. Broadway Books, New York, 2003.

Marani, Pietro C. *Léonard*. Actes Sud, 2000.

Mitchell, Stephen. *Tao Te Ching*. Harper and Row, New York, 1988.

Moses, Jeffrey. *Oneness : Great Principles Shared by All Religions*. Ballantine, New York, 2002.

Ornstein, Robert. *The Evolution of Consciousness : The Origins of the Way We Think*. Touchstone, New York, 1992.

Otto, Rudolf. *Mystique d'Orient et mystique d'Occident*. Payot, Paris, 1996.

Palmer, Wendy. *The Intuitive Body : Aikido as a Clairsentient Practice*. North Atlantic Books, Berkeley, 1994.

Schimmel, Rosemarie. *The Mystery of Numbers*. Oxford University Press, New York, 1993.

Schusterman, Dale H. *Sign Language of the Soul : A Handbook for Healing*. Writer's Collective, Cranston, Rhode Island, 2003.

Shah, Idries. *Wisdom of the Idiots*. E. P. Dutton, New York, 1971.

Suzuki, D. T. *Mysticism : Christian and Buddhist*, Harper and Row, New York, 1971.

Tagore, Rabindranath. *The Collected Poems and Plays*. Collier, New York, 1993.

Vasari, Giorgio. *Vie des peintres*. Les Belles Lettres, Paris, 1999.

Walsh, Roger. *Les Chemins de l'éveil : Explorer les valeurs essentielles de la vie*. Le Jour, Montréal, 2000.

Zukav, Gary. *The Seat of the Soul*. Simon and Schuster, New York, 1990.

Zweig, Connie et Steve Wolf. *Romancing the Shadow : Illuminating the Dark Side of the Soul*. Ballantine, New York, 1997.

ILLUSTRATIONS

DEUXIÈME PARTIE :
LES SECRETS SPIRITUELS DES SEPT PRINCIPES DE LÉONARD

RECHERCHER LA VÉRITÉ *(CURIOSITÀ)*

Léonard de Vinci. *Le bébé dans la matrice.* © Collection royale, Sa Majesté la Reine Élisabeth II, 2004.

Léonard de Vinci. *Vue trois quarts de la gauche de la tête d'un enfant.* Photo : Michelle Bellot. Louvre, Paris. Photo : Réunion des Musées Nationaux/Art Resource, NY.

PRENDRE SES RESPONSABILITÉS *(DIMOSTRAZIONE)*

Léonard de Vinci. *Dessin d'un parachute et d'une machine volante avec maquettes.* Pinacoteca Ambrosiana, Milan. Photo : Snark/Art Resource NY.

Léonard de Vinci. *Étude de fleurs.* Accademia, Venise. Photo : Alinari/Art Resource, NY.

UNE SENSIBILITÉ VIVE *(SENSAZIONE)*

Andrea del Verrocchio et Léonard de Vinci. *Le Baptême du Christ.* Détail d'un ange. Uffizi, Florence. Photo : Scala/Art Resource, NY.

Léonard de Vinci. *Tête de femme, dessin.* Gabinetto die Disegni e delle Stampe, Uffizi, Florence. Photo : Scala/Art Resource, NY.

FAIRE FACE À L'OMBRE *(SFUMATO)*

Léonard de Vinci. *Saint Jean-Baptiste.* Louvre, Paris. Photo : Réunion des Musées Nationaux/Art Resource, NY.

Léonard de Vinci. *Étude de la bataille d'Anghiari, tête d'homme.* (Fac-similé ; l'original est au Musée national de Budapest.) Gabinetto dei Disegni e delle Stampe, Uffizi. Photo : Scala/Art Resource, NY.

CULTIVER L'ÉQUILIBRE *(ARTE/SCIENZA)*

Léonard de Vinci. *La Joconde.* Photo : R. G. Ojeda. Louvre, Paris. Photo : Réunion des Musées Nationaux/Art Resource, NY.

Léonard de Vinci. *Allégories d'ingratitude, d'envie et de mort ; le plaisir et la douleur.* JBS17. Photo : The Governing Body of Christ Church, Oxford.

CULTIVER L'INTÉGRATION *(CORPORALITÀ)*

Léonard de Vinci. *L'Homme vitruvien*, autour de 1492. Accademia, Venise. Photo : Scala/Art Resource, NY.

Léonard de Vinci. *Mécanisme des ventricules du cœur*. © Collection royale, Sa Majesté la Reine Élisabeth II, 2004.

LA PRATIQUE DE L'AMOUR *(CONNESSIONE)*

Léonard de Vinci. *La Vierge, l'Enfant Jésus et sainte Anne*. National Gallery, Londres. Photos : Art Resource, NY.

Léonard de Vinci. L'*Adoration des mages*. Uffizi, Florence. Photo : Alinari/Art Resource, NY.

Léonard de Vinci. L'*Adoration des mages*. Détail du Christ enfant. Uffizi, Florence. Photo : Alinari/Art Resource, NY.

Ressources

• Si vous aimeriez appuyer l'idée de Vebjørn Sand de construire un pont Léonard sur chaque continent, veuillez contacter Melinda Iverson à « brickfish@msn.com » et visiter le site Web « www.vebjorn-sand.com ».

• L'école *Mystery School* de Jean Houston (JeanH@aol.com) transmet un enseignement unique sur la sagesse universelle.

• Vous pouvez en savoir plus sur le remarquable processus de *curiosità* spirituelle de Byron Katie à : « www.thework.org ».

• Pour des informations supplémentaires sur le travail sur l'ombre, contactez le Dr Connie Zweig à « czweig@aol.com ».

• Michele Hébert est spécialiste des retraites de yoga et de méditation à « www.spaspirit.com ».

• Pour en apprendre davantage sur le remarquable de travail de guérison énergétique du Dr Dale Schusterman, consultez « www.signlanguageofthesoul.com ».

• La technique Alexander est une méthode simple et profonde pour découvrir la proportion divine dans vos mouvements de tous les jours. Veuillez contacter Michael Frederick à « michaelfrederick@earthlink.net » ou appelez le numéro 1 800 260-5133.

• Explorez l'incarnation consciente avec le thérapeute et professeur d'aïkido Wendy Palmer, 809 Vendola Drive, San Rafael, CA 94903, États-Unis.

• Faites l'expérience du darshan du pur amour avec une accolade de la Grande Mère incarnée à www.ammachi.com.

• Découvrez le plan de votre vie, déterminez vos objectifs et concevez une stratégie pour les actualiser sous l'égide de Rob Berkley et Debbie Phillips, à « Rob@groupmv.com ».

• Pour appuyer l'incorporation des principes de Léonard à l'éducation des enfants, veuillez contacter : The Discovey Center of Science and Technology, 511 East Third Street, Bethlehem, PA 18015, États-Unis 1 610 865-5010, poste 103, « lerickson@discovery-center.org ».

Remerciements : Le sourire de Léonard

La réalisation de ce projet a été marquée sur plusieurs plans par ce que Jung appelait la « synchronicité ». De 1995 à 1997, alors que j'étais à la recherche des principes de Léonard et que j'écrivais *Pensez comme Léonard de Vinci*, j'ai fait sept séjours de trois semaines en Suisse pour diriger des retraites inspirées de la Renaissance pour le Liechtenstein Global Trust. Durant cette extraordinaire série de rencontres destinées aux entreprises, j'ai pu mettre au point la présentation des principes de Léonard et échanger des idées avec d'autres personnes intéressantes, dont le poète britannique Ted Hughes, le chroniqueur d'échecs du *London Times*, le grand maître Raymond Keene, l'expert en art de la Renaissance et ancien directeur du Service de renseignements britannique, Sir Brian Tovey, et le concepteur des schémas heuristiques (*mind mapping*), Tony Buzan. Les princes du Liechtenstein ont pu financer cette extraordinaire expérience dans le cadre de l'expansion de leurs très prospères affaires, en partie parce que vingt ans plus tôt ils avaient vendu un tableau de leur remarquable collection d'art à la famille Mellon, qui fit ensuite don de l'œuvre à la National Gallery of Art de Washington. Le tableau en question est le *Portrait de Ginevra de Benci* (La dame de Liechtenstein) par Léonard de Vinci. J'ai pu admirer le tableau plusieurs fois et j'ai envoyé à la princesse une carte postale de ce tableau : « Salutations de vos vieux amis du D.C. »

Grazie mille à tous ceux qui ont soutenu la réalisation de *Pensez comme Léonard de Vinci*. Sans eux, *De Vinci décodé* n'aurait jamais existé.

En décembre 2003, pendant que j'effectuais des recherches pour le présent ouvrage, j'ai passé une semaine avec l'artiste visionnaire Jacqueline Ripstein, louangée pour ses images lumineuses et spirituellement tonifiantes. La devise de Ripstein est : « Si vous pouvez voir l'Invisible, vous pouvez accomplir l'Impossible. » Nous avons échangé des idées dans son salon où nous nous étions entourés d'images provenant des plus beaux ouvrages sur Léonard. Alors que j'allongeais le bras pour prendre un livre, j'ai dit à Jacqueline : « Ce que nous faisons ferait sourire Léonard. » À l'instant où ces mots sortaient de ma bouche, nous avons tous les deux aperçu le titre de la page que je venais d'ouvrir au hasard : « Le sourire de Léonard ».

Grazie molto à Ripstein et à tous ceux qui ont contribué à mettre un sourire sur le visage de Léonard, spécialement :

Mary Hogan
Joan Gelb
Dr Sandy Gelb
Jack Ehrlich
Rosa Ehrlich
Molly Gelb
Victor Gelb
J. G. Bennett
Dr Mort Herskowitz
Hassan Shushud
Paul Anderson
Naomi Anderson
Le professeur Martin Kemp
Joan Witkowski
Sir Brian Tovey
Forrest Hainline
Lisa Levy
Linda Carol Strahan
Michele Hébert
La professeur Jean Houston
Dr Jill Baron
Melinda Iverson
Vebjørn Sand
Le grand maître Raymond Keene
Dr Connie Zweig
Dr Mona Lisa Schulz
Penny Levin
Dr Marvin Hyett
Jennifer Spoelker
Jeannie Becker
Rob Berkley
Taya Levine
Jook Leuns
Grazie mille à :
Esther Cohen
Leslie Copland
Dr Dale Schusterman
Lorie Dechar

TABLE DES MATIÈRES

LES ÉDITIONS DE L'HOMME

BEAUX LIVRES

Histoire et patrimoine

Ici Radio-Canada – 50 ans de télévision française, SRC et Jean-François Beauchemin
* **Intérieurs québécois,** Yves Laframboise
* **L'île d'Orléans,** Michel Lessard
Les jardins de Métis, Alexander Reford et Louise Tanguay
* **La maison au Québec,** Yves Laframboise
Meubles anciens du Québec, Michel Lessard
* **Montréal au XXe siècle — regards de photographes,** Collectif dirigé par Michel Lessard
Montréal, métropole du Québec, Michel Lessard
Québec, ville du Patrimoine mondial, Michel Lessard
Reford Gardens, Alexander Reford et Louise Tanguay
* **Sainte-Foy – L'art de vivre en banlieue au Québec,** M. Lessard, J.-M. Lebel et C. Fortin
Syrie terre de civilisations, Michel Fortin

Tourisme et nature

* **Circuits pittoresques du Québec,** Yves Laframboise
Far North, Patrice Halley
La Gaspésie, Paul Laramée et Marie-José Auclair
Grand Nord, Patrice Halley
I am Montréal, Louise Larivière et Jean-Eudes Schurr
Je suis Montréal, Louise Larivière et Jean-Eudes Schurr
Montréal — les lumières de ma ville, Yves Marcoux et Jacques Pharand
Montreal, the lights of my city, Jacques Pharand et Yves Marcoux
Old québec city of snow, M. Lessard, G. Pellerin et C. Huot
Le Québec — 40 sites incontournables, H. Dorion, Y. Laframboise et P. Lahoud
Quebec a land of contrasts, C. Éthier, M. Provost et Y. Marcoux
Quebec, city of light, Michel Lessard et Claudel Huot
Québec from the air, Pierre Lahoud et Henri Dorion
Québec terre de contrastes, C. Éthier, M. Provost et Y. Marcoux
Québec, ville de lumière, Michel Lessard et Claudel Huot
Le Québec vu du ciel, Pierre Lahoud et Henri Dorion
Rivières du Québec, Annie Mercier et Jean-François Hamel
Le Saint-Laurent: beautés sauvages du grand fleuve, Jean-François Hamel et Annie Mercier
Les sentinelles du Saint-Laurent, Patrice Halley
Sentinels of the St.Lawrence, Patrice Halley
Le Vieux-Québec sous la neige, M. Lessard, G. Pellerin et C. Huot
Villages pittoresques du Québec, Yves Laframboise

Beaux-arts

L'affiche au Québec — Des origines à nos jours, Marc H. Choko
La collection Lavalin du musée d'art contemporain de Montréal, Collectif dirigé par Josée Bélisle
Le design au Québec, M. H. Choko, P. Bourassa et G. Baril
Les estampes de Betty Godwin, Rosemarie L. Tovell
Flora, Louise Tanguay
Miyuki Tanobe, Robert Bernier
Natura, Louise Tanguay
La palette sauvage d'Audubon — Mosaïque d'oiseaux, David M. Lank
* **La peinture au Québec depuis les années 1960,** Robert Bernier
Riopelle, Robert Bernier
Suzor-Coté – Light and Matter, Laurier Lacroix
Suzor-Coté – Lumière et matière, Laurier Lacroix
* **Un siècle de peinture au Québec,** Robert Bernier

Sports et loisirs

La glorieuse histoire des Canadiens, Pierre Bruneau et Léandre Normand
* **Guide des voitures anciennes tome 1,** J. Gagnon et C. Vincent
Martin Brodeur – Le plaisir de jouer, Denis Brodeur et Daniel Daignault

Tradition

À la rencontre des grands maîtres, Josette Normandeau

FAITS ET GENS

Documents et essais

À la belle époque des tramways, Jacques Pharand
* **Enquête sur les services secrets,** Normand Lester
* **L'histoire des Molson,** Karen Molson
* **Les insolences du frère Untel,** Jean-Paul Desbiens
* **Les liens du sang,** Antonio Nicaso et Lee Lamothe
* **Marcel Tessier raconte…tome I,** Marcel Tessier
* **Marcel Tessier raconte…tome 2,** Marcel, Tessier
* **Option Québec,** René Lévesque
Le rapport Popcorn, Faith Popcorn
Terreur froide, Stewart Bell

Récits et témoignages

Les affamées – Regards sur l'anorexie, Annie Loiselle
Aller-retour au pays de la folie, S. Cailloux-Cohen et Luc Vigneault
Les diamants de l'enfer, André Couture et Raymond Clément
Gilles Prégent, otage des guérilleros, Benoît Lavoie et Gilles Prégent
Prisonnier à Bangkok, Alain Olivier et Normand Lester
Qui a peur d'Alexander Lowen ?, Édith Fournier
* **La route des Hells,** Julian Sher et William Marsden
* **Sale job – Un ex-motard parle,** Peter Paradis
Le secret de Blanche, Blanche Landry
Se guérir autrement c'est possible, Marie Lise Labonté
La tortue sur le dos, Annick Loupias

Biographies

Chrétien — Un Canadien pure laine, Michel Vastel
Le frère André, Micheline Lachance
Heureux comme un roi, Benoît L'Herbier
Jean-Claude Poitras – Portrait d'un homme de style, Anne Richer
* **Je suis un bum de bonne famille,** Jean-François Bertrand
* **Landry – Le grand dérangeant,** Michel Vastel
Paul-Émile Léger tome 1. Le Prince de l'Église, Micheline Lachance
Paul-Émile Léger tome 2. Le dernier voyage, Micheline Lachance
* **Pleurires,** Jean Lapointe
Sir Wilfrid Laurier, Laurier L. Lapierre
* **Trudeau le Québécois,** Michel Vastel

À LA DÉCOUVERTE DE SOI

Psychologie, psychologie pratique et développement personnel

L'accompagnement au soir de la vie – Le rôle des proches et des bénévoles auprès des malades, Andrée Gauvin et Roger Régnier
À 10 kilos du bonheur — L'obsession de la minceur. Ses causes. Ses effets. Comment s'en sortir, Danielle Bourque
Aimer et se le dire, Jacques Salomé et Sylvie Galland
* **L'amour, de l'exigence à la préférence,** Lucien Auger
* **L'amour en guerre,** Guy Corneau
L'amour entre elles, Claudette Savard
Approcher les autres, est-ce si difficile?, Isabelle Nazare-Aga
Arrête de bouder!, Marie-France Cyr
Arrosez les fleurs pas les mauvaises herbes, Fletcher Peacock
L'art de discuter sans se disputer, Robert V. Gerard
Au cœur de notre corps — Se libérer de nos cuirasses, Marie-Lise Labonté
Le bonheur si je veux, Florence Rollot
Célibataire aujourd'hui — de la solitude à la relation amoureuse, Odile Lamourère
Ces gens qui ont peur d'avoir peur, Elaine N. Aron
Ces gens qui remettent tout à demain, Rita Emmett
Ces gens qui veulent plaire à tout prix, Harriet B. Braiker
Ces gens qui vous empoisonnent l'existence, Lillian Glass
Ces pères qui ne savent pas aimer – et les femmes qui en souffrent, Monique Brillon
Cessez d'être gentil, soyez vrai, Thomas d'Ansembourg
Champion dans la tête, François Ducasse et Makis Chamalidis
Les clés pour lâcher prise, Guy Finley
Les codes inconscients de la séduction, Philippe Turchet
Le cœur apprenti, Guy Finley
Comment contrôler l'inquiétude et l'utiliser efficacement, Dr E. M. Hallowell
Comment s'entourer de gens extraordinaires, Lillian Glass
Communication et épanouissement personnel – La relation d'aide, Lucien Auger
Communiquer avec les autres, c'est facile !, Érica Guilane-Nachez
* **Comprendre et interpréter vos rêves,** Michel Devivier et Corinne Léonard
Le déclic — Transformer la douleur qui détruit en douleur qui guérit, Marie-Lise Labonté
Decoder Léonard de Vinci, Michael J. Gelb
Découvrir un sens à sa vie avec la logothérapie, Viktor E. Frankl
Le défi de l'amour, John Bradshaw
Le défi des relations – Le transfert des émotions, Michelle Larivey
* **De ma tête à mon cœur,** Micheline Lacasse
Développez votre charisme, Tony Alessandra
Dites oui au changement, George et Sedena Cappannelli
Dominez votre anxiété avant qu'elle ne vous domine, Albert Ellis
* **Du nouvel amour à la famille recomposée,** Gisèle Larouche
Dynamique des groupes, Jean-Marie Aubry
Et moi et moi et moi — Comment se protéger des narcissiques, Sandy Hotchkiss
Être heureux ce n'est pas nécessairement confortable, Thomas d'Ansembourg
Être jeune et le rester, Dr Alan Bonsteel et Chantal Charbonneau
Être soi-même, Dorothy Corkille Briggs
La force intérieure, J. Ensign Addington
Gardez-vous d'aimer un pervers, Véronique Moraldi
Le grand méchant stress, Florence Rollot
Le grand ménage amoureux, Robert Brisebois
La graphologie, Claude Santoy
La graphologie en 10 leçons, Claude Santoy
* **La guérison du cœur,** Guy Corneau
La haine, Rush W. Dozier
Les hasards nécessaires — La synchronicité dans les rencontres qui nous transforment, Jean-François Vézina
J'ai rendez-vous avec moi, Micheline Lacasse
Jamais seuls ensemble, Jacques Salomé
Je réinvente ma vie, J. E. Young et J. S. Klosko
Je sais ce que tu penses, Lillian Glass
Le jeu excessif, Ladouceur, Sylvain, Boutin et Doucet

Journal intime chaque jour... ma vie, Jacques Salomé
Lâcher prise — La clé de la transformation intérieure, Guy Finley
Le langage du corps, Julius Fast
Les manipulateurs et l'amour, Isabelle Nazare-Aga
Les manipulateurs sont parmi nous, Isabelle Nazare-Aga
Les mères aussi aiment ça, Dr Valerie Davis Ruskin
Mettez de l'action dans votre couple, Albertine et Christophe Maurice
* **Mon journal de rêves,** Nicole Gratton
Les mots qui font du bien — que dire quand on ne sait pas quoi dire, Nance Guilmartin
Nous sommes toutes des déesses, Sophie d'Oriona
Où sont les hommes? – La masculinité en crise, Anthony Clare
Parle-moi... j'ai des choses à te dire, Jacques Salomé
Pensées pour lâcher prise, Guy Finley
Pensez comme Léonard De Vinci, Michael J. Gelb
Père manquant, fils manqué, Guy Corneau
La peur d'aimer, Steven Carter et Julia Sokol
Pourquoi les hommes marchent-ils à la gauche des femmes?, Philippe Turchet
Le pouvoir d'Aladin, Jack Canfield et Mark Victor Hansen
Le pouvoir de la couleur, Faber Birren
Le pouvoir de l'empathie, A.P. Ciaramicoli et C. Ketcham
* **Prévenir et surmonter la déprime,** Lucien Auger
La puissance des émotions, Michelle Larivey
Quand le corps dit non – Le stress qui démolit, Dr Gabor Maté
Qu'attendez-vous pour être heureux, Suzanne Falter-Barns
Réfléchissez et devenez riche, Napoleon Hill
Relations efficaces, Thomas Gordon
Retrouver l'enfant en soi – Partez à la découverte de votre enfant intérieur, John Bradshaw
Les rêves, messagers de la nuit, Nicole Gratton
Les rêves portent conseil, Laurent Lachance
Rêves, signes et coïncidences, Laurent Lachance
* **Rompre sans tout casser,** Linda Bérubé
S'affirmer et communiquer, Jean-Marie Boisvert et Madeleine Beaudry
S'affranchir de la honte, John Bradshaw
S'aider soi-même davantage, Lucien Auger
Savoir relaxer pour combattre le stress, Dr Edmund Jacobson
Se comprendre soi-même par des tests, Collectif
Séduire à coup sûr, Leil Lowndes
Se réaliser dans un monde d'image – À la recherche de son originalité, Jean-François Vézina
Si je m'écoutais je m'entendrais, Jacques Salomé et Sylvie Galland
Le Soi aux mille visages, Pierre Cauvin et Geneviève Cailloux
La synergologie, Philippe Turchet
Le temps d'apprendre à vivre, Lucien Auger
Les tremblements intérieurs, Dr Daniel Dufour
Une vie à se dire, Jacques Salomé
Vaincre l'ennemi en soi, Guy Finley
La vérité sur le mensonge, Marie-France Cyr
Victime des autres, bourreau de soi-même, Guy Corneau
Vivre avec les autres — Chaque jour...la vie, Jacques Salomé
Vivre avec les miens — Chaque jour...la vie, Jacques Salomé
Vivre avec soi — Chaque jour...la vie, Jacques Salomé
Vouloir c'est pouvoir, Raymond Hull

Sexualité

36 jeux drôles pour pimenter votre vie amoureuse, Albertine et Christophe Maurice
1001 stratégies amoureuses, Marie Papillon
L'amour au défi, Natalie Suzanne
Full sexuel – La vie amoureuse des adolescents, Jocelyne Robert
Le langage secret des filles, Josey Vogels
La plénitude sexuelle, Michael Riskin et Anita Banker-Riskin
Rendez-vous au lit, Pamela Lister
La sexualité pour le plaisir et pour l'amour, D. Schmid et M.-J. Mattheeuws

Pédagogie et vie familiale

Attention, parents !, Carol Soret Cope
Bébé joue et apprend, Penny Warner
Comment aider mon enfant à ne pas décrocher, Lucien Auger
Les douze premiers mois de mon enfant, Frank Caplan
L'enfance du bonheur – Aider les enfants à intégrer la joie dans leur vie, Edward M. Hallowell
Fêtes d'enfants de 1 à 12 ans, France Grenier
Le grand livre de notre enfant, Dorothy Einon
L'histoire merveilleuse de la naissance, Jocelyne Robert
Ma sexualité de 0 à 6 ans, Jocelyne Robert
Ma sexualité de 6 à 9 ans, Jocelyne Robert
Ma sexualité de 9 à 11 ans, Jocelyne Robert
Parlez-leur d'amour et de sexualité, Jocelyne Robert
Petits mais futés, Marcèle Lamarche et Jean-François Beauchemin
Préparez votre enfant à l'école dès l'âge de 2 ans, Louise Doyon
Te laisse pas faire ! Jocelyne Robert

Collection «Parents aujourd'hui»

Ces enfants que l'on veut parfaits, Dr Elisabeth Guthrie et Kathy Mattews
Ces enfants qui remettent tout à demain, Rita Emmett
Comment développer l'estime de soi de votre enfant, Carl Pickhardt
Des enfants, en avoir ou pas, Pascale Pontoreau
Éduquer sans punir, Dr Thomas Gordon
L'enfant en colère, Tim Murphy
L'enfant dictateur, Fred G. Gosman
L'enfant souffre-douleur, Maria-G. Rincón-Robichaud
Interprétez les rêves de votre enfant, Laurent Lachance
Mon ado me rend fou!, Michael J. Bradley
Parent responsable, enfant équilibré, François Dumesnil
Questions de parents responsables, François Dumesnil
Voyage dans les centres de la petite enfance, Diane Daniel

Collection«Alter ego»

Communication efficace – Pour des relations sans perdant, Linda Adam's
La personne humaine — Développement personnel et relations interpersonnelles, Yves St-Armaud
Petit code de la communication, Yves St-Armaud
S'aider soi-même – Une psychologie par la raison, Lucien Auger
Les secrets de la communication – Les techniques de la PNL, Richard Bandler et John Grinder
Vaincre ses peurs, Lucien Auger

VIVRE EN BONNE SANTÉ

Soins et médecine

L'arthrite — méthode révolutionnaire pour s'en débarrasser, Dr John B. Irwin
La chirurgie esthétique, Dr André Camirand et Micheline Lortie
Cures miracles — Herbes, vitamines et autres remèdes naturels, Jean Carper
* **Dites-moi, docteur…,** Dr Raymond Thibodeau
L'esprit dispersé, Dr Gabor Maté
Guide critique des médicaments de l'âme, D. Cohen et S. Cailloux-Cohen
* **Le Guide de la santé — Se soigner à domicile,** Clinique Mayo
Maux de tête et migraines, Dr Jacques P. Meloche et J. Dorion
La pharmacie verte, Anny Schneider
Plantes sauvages médicinales — Les reconnaître, les cueillir, les utiliser, Anny Schneider et Ulysse Charette
Tout sur la microtransplantation des cheveux, Dr Pascal Guigui

Alimentation

* **Les 250 meilleures recettes de Weight Watchers,** Weight Watchers
L'alimentation durant la grossesse, Hélène Laurendeau et Brigitte Coutu
Les aliments et leurs vertus, Jean Carper
Les aliments miracles pour votre cerveau, Jean Carper
Les aliments qui guérissent, Jean Carper
Bonne table et bon cœur, Anne Lindsay
Bonne table, bon sens, Anne Lindsay
Comment nourrir son enfant, Louise Lambert-Lagacé
La cuisine italienne de Weight Watchers, Weight Watchers
* **Les desserts sans sucre,** Jennifer Eloff
Devenir végétarien, V. Melina, V. Harrison et B. C. Davis
La grande cuisine de tous les jours, Weight Watchers
Le juste milieu dans votre assiette, Dr B. Sears et B. Lawren
Le lait de chèvre un choix santé, Collectif
Manger, boire et vivre en bonne santé, Walter C. Willett
Mangez mieux selon votre groupe sanguin, Karen Vago et Lucy Degrémont
Ménopause — Nutrition et santé, Louise Lambert-Lagacé
Les menus midi — Repas express, casse-croûte, boîte à lunch..., Louise Desaulniers et Louise Lambert-Lagacé
Nourrir son cerveau, Louise Thibault
* **Les recettes du juste milieu dans votre assiette,** Dr Barry Sears
Le régime Oméga, Dr Barry Sears
La sage bouffe de 2 à 6 ans, Louise Lambert-Lagacé
La santé au menu, Karen Graham
* **Vaincre l'hypoglycémie,** O. Bouchard et M. Thériault
Variez les couleurs dans votre assiette, James A. Joseph et Dr Daniel A. Nadeau
Le végétarisme à temps partiel — Le plaisir de manger sans viande, Louise Desaulniers et Louise Lambert-Lagacé

Bien-être

Les allergies, Dr Christina Scott-Moncrieff
Au bout du rouleau?, Debra Waterhouse
Les bienfaits de l'eau — H_2O, Anna Selby
Bien vivre, mieux vieillir — Guide pratique pour rester jeune, Marie-Paule Dessaint
Le corps heureux — Manuel d'entretien, Thérèse Cadrin Petit et Lucie Dumoulin
Découvrez la méthode pilates, Anna Selby et Alan Herdman
En 2 temps 3 mouvements — Le corps heureux, Thérèse Cadrin Petit et Lucie Dumoulin
Le massage thaïlandais, Maria Mercati
La méthode pilates pendant la grossesse, Michael King et Yolande Green
Mettez du feng shui dans votre vie, George Birdsall
Mouvements d'éveil corporel — Naître à son corps, méthode de libération des cuirasses MLC, Marie-Lise Labonté
Le plan ayurveda, Anna Selby et Ian Hayward
Le plan détente — Formule antistress, Beth Maceoin
Le plan détox, Dr Christina Scott-Moncrieff
Qi Gong — Méthode traditionnelle chinoise pour rester jeune et en santé, L.V. Carnie
Vaincre les ennemis du sommeil, Charles M. Morin
Le yoga — Maîtriser les postures de base, Sandra Anderson et Rolf Sovik

ART DE VIVRE

Tourisme et nature

Flocons de neige — La beauté secrète de l'hiver, Kenneth Libbrecht et Patricia Rasmussen

Cuisine et gastronomie

* **Apprêter et cuisiner le gibier,** Collectif
Le barbecue – Toutes les techniques pour cuisiner sur le gril, Steven Raichlen

* **Biscuits et muffins – Une tradition de bon goût,** Marg Ruttan
La bonne cuisine des saisons, Frère Victor-Antoine d'Avila-Latourrette
Les bonnes soupes du monastère – Les recettes préférées du frère Victor-Antoine d'Avilla-Latourette, Soupes variées pour les 12 mois de l'année, Frère Victor-Antoine d'Avila-Latourrette
Le boulanger électrique — Du pain frais chaque jour, Marie-Paul Marchand et Maryse Raymond
Cuisine amérindienne — Un nouveau regard, Françoise Kayler et André Michel
La cuisine du monastère, Frère Victor-Antoine d'Avila-Latourrette
Cuisine traditionnelle des régions du Québec, Institut de tourisme et d'hôtellerie du Québec
Des insectes à croquer — Guide de découvertes, Jean-louis Thémis et l'Insectarium de Montréal
Fruits et légumes exotiques — Les connaître, les choisir, les préparer, les déguster, Jean-Louis Thémis et l'I.T.H.Q.
Gibier à poil et à plume, Jean-Paul Grappe
Huiles et vinaigres, Jean-François Plante
* **Poissons, mollusques et crustacés — Les connaître, les choisir, les apprêter, les déguster,** Jean-Paul Grappe et l'I.T.H.Q.
Le porc en toutes saisons, Fédération du porc du Québec
Les recettes de grand-maman Lassonde, Juliette Lassonde
Saveurs de légumineuses, Manon Saint-Amand
Le temps des courges — 100 recettes pour mieux les connaître et les cuisiner, Manon Saint-Amand
Le temps des pommes, Olwen Woodier et Suzanne P. Leclerc
Le temps des sucres, Ken Haedrich et Suzanne P. Leclerc
Le temps du maïs, Olwen Woodier et Suzanne P. Leclerc
Un homme au fourneau, Guy F
Un homme au fourneau — Tome 2, Guy Fournier

Vin, boissons et autres plaisirs

Harmonisez vins et mets – Le nouveau guide des accords parfaits, Jacques Orhon
Mieux connaître les vins du monde, Jacques Orhon
Le nouveau guide des vins de France, Jacques Orhon
Le nouveau guide des vins d'Italie, Jacques Orhon

Collection « tout un plat »

Bacon, Sara Perry
Balsamico, Pamela Sheldon Johns
Basilic, thym, coriandre et autres herbes..., Jean-Paul Grappe
Canapés, amuse-gueules et bouchées, Elsa Petersen-Schepelern
Citron, Guy Fournier
Cocktails, James Butler et Vicki Liley
Crevettes, Collectif
Homard et crabe, Collectif
Jus frais et boissons santé, Anne McIntyre
Légumes, Paul Gayler
Moules et palourdes, Collectif
Muffins et petits gâteaux, Suzie Smith
Noix, noisettes, pacanes, amandes..., Tina Salter
Nouilles, Vicki Liley
Pasta, Pamela Sheldon Johns
Patates, Gayler Paul
Pâtes aux fruits de mer et au poisson, Collectif
Pétoncles, coquilles Saint-Jacques et huîtres, Collectif
Porc, Fédération québécoise des producteurs de porcs
Sushis et sashimis, Masakuzu Hori et Kazu Takahashi

Collection « tout un chef »

Laurent Godbout chef chez l'Épicier, Laurent Godbout

---

* Pour l'Amérique du Nord seulement.

Achevé d'imprimer au Canada
en septembre 2004
sur les presses des Imprimeries Transcontinental Inc.